in·relation

Fallstudie

Organisationsentwicklung unter Anwendung von Transaktionsanalyse. Eine Fallstudie.

Martin Thiele

In Relation Publications | No. 4

Impressum

Texte:	© Copyright by Martin Thiele
Umschlag:	© Copyright by Dr. Michael Korpiun, Martin Thiele
Verlag:	Books on Demand GmbH
	In den Tarpen 42
	22848 Hamburg
	www.bod.de

Herstellung und Verlag:BoD- Books on Demand, Norderstedt

ISBN 9-783732-234301

Printed in Germany

Bibliografische Information der Deutschen Nationalbibliothek

Die Deutsche Nationalbibliothek verzeichnet diese Publikation in der Deutschen Nationalbibliografie; detaillierte bibliografische Daten sind im Internet über http://dnb.d-nb.de abrufbar.

Überblick

Inhaltsverzeichnis

Abbildungsverzeichnis

Abkürzungsverzeichnis

Abb.	Abbildung
BE	Berater
d.h.	das/dies heißt
bspw.	beispielsweise
bzw.	beziehungsweise
DGTA	Deutsche Gesellschaft für Transaktionsanalyse
EATA	European Association for Transactional Analysis
etc.	et cetera
ff.	fortfolgende
GF	Geschäftsführung
H.	Heft
HI	inhaltliche Hypothese
HP	prozessuale Hypothese
Hrsg.	Herausgeber
i.A.a.	in Anlehnung an
i.d.R.	in der Regel
IP	Interviewpartner
IT	Informationstechnologie (Abteilung in der Organisation)

Jg.	Jahrgang
m.E.	meines Erachtens
o.Jg.	ohne Jahrgang
o.V.	ohne Verlag
s.	siehe
S.	Seite
s.o.	siehe oben
Seq.	Sequenz
TA	Transaktionsanalyse
u.a.	unter anderem
u.U.	unter Umständen
Vol.	Volume
z.B.	zum Beispiel
vgl.	vergleiche

Organisationsentwicklung
unter Anwendung von
Transaktionsanalyse

00

Vorwort

Vorwort

Die vorliegende Fallstudie ist in mehrfacher Hinsicht besonders, weshalb wir sie interessierten Führungskräften, Personal- und Organisationsentwicklern, Beratern und Coaches sehr empfehlen möchten. Sie wurde durchgeführt von Martin Thiele, lehrender und supervidierender Transaktionsanalytiker unter Supervision. Er ist zugleich Mitgründer und geschäftsführender Gesellschafter der beziehungsorientierten Entwicklungsberatung und Akademie In Stability in Hannover. Die Fallstudie verknüpft konsequent transaktionsanalytische Organisationsberatung mit Modellen aus weiteren Quellen, wie etwa der Kompetenzkurve oder den Disfunktionalitäten von Teams nach Lencioni und ist damit integrativ angelegt.

Bemerkenswert ist zudem die Nutzung eigener Modellerweiterungen, etwa im Bereich der gruppenanalytischen Theorien von Eric Berne. Darüber hinaus handelt es sich bei der betrachteten Organisation um ein Verlags- und Medienhaus eines Familienunternehmens. Der wirtschaftliche Kontext von Verlags- und Medienhäusern ist bekanntermaßen ausgesprochen schwierig. Die Herausforderungen der langfristigen Zukunftssicherung sind extrem hoch, zumal in einem Familienunternehmen. So zeigen sich im konkreten Fall auch die typischen Konflikte zwischen bewahrenden und eher auf- und umbrechenden Tendenzen – für Organisationen ein schwieriges Spannungsfeld. Martin Thiele greift dieses Spannungsfeld auf und verknüpft es mit der für Organisationen so wichtigen Frage nach der Identität bzw. Sinndimension.

Martin Thiele gelingt es mit der vorliegenden Fallstudie unterschiedliche Perspektiven einer konsequent beziehungsorientierten Organisationsberatung und -entwicklung zu integrieren. Grundlage der Arbeit ist eine differenzierte und konsequent hypothesengeleitete Interventionsplanung auf Basis von Erstinterviews in der Organisation. Auf diese Weise verknüpft er intuitives Erfassen der Situation mit im besten Sinne transaktionsanalytischem Vorgehen. Hierfür nutzt Thiele beispielsweise das Autonomiemodell, das Modell der psychologischen Grundbedürfnisse und den Kanon der Gruppendynamik von Berne sowie das Modell der Passivität aus der Schiff-Schule.

Weiterhin setzt die Organisationsentwicklung konsequent in der Geschäftsführung an und es wird skizziert, wie dann die übrigen Ebenen und Bereiche der Organisation integriert werden können. Inhaltlich ist das Vorgehen zudem breit angelegt und reicht von Fragen der Strategieentwicklung über die Herausforderungen der Kulturentwicklung bis hin zu Fragen von Führung und eigenem Organisationsverständnis. Konsequenterweise finden diese Überlegungen dann methodisch Eingang in einen Leitbildprozess, der sowohl modellhaft als auch in der konkreten Anwendung dargestellt wird.

Darüber hinaus umfasst die Fallstudie einige Anwendungen von Modellen, die von Martin Thiele und seinen Kollegen bei In Stability entwickelt oder weiterentwickelt wurden, wie beispielsweise eine eigene Modellerweiterung zu den Gruppenarten nach Berne: die Krisengruppe als Gegenpol zur Arbeitsgruppe nach Eric Berne oder Wilfred Bion. Damit wird die transaktionsanalytische Gruppendynamik von Eric Berne einerseits konsequent auf Organisationen angewendet und zugleich konzeptionell weitergedacht.

Hilfreich ist die Fallstudie damit für Führungskräfte aus Organisationen, die Anregungen erhalten möchten, wie ihre Organisation sinnorientiert entwickelt werden kann. Personal- und Organisationsentwickler erhalten darüber hinaus wertvolle Hinweise zum methodischen und inhaltlichen Vorgehen. Organisationsberater und

Coaches können zudem profitieren von der detaillierten Darstellung des konkreten Vorgehens, um es mit eigenen Erfahrungen zu verknüpfen.

In diesem Sinne wünsche ich der interessierten Leserin und dem interessierten Leser viel Gewinn bei der Lektüre.

Im August 2019

Dr. Michael Korpiun

Lehrender und supervidierender Transaktionsanalytiker (TSTA)

Entwicklungsarbeit mit
Organisationen

01

Diagnostik und Initiierung

Einführung

Vielfach sind wir derart eingebunden in die Arbeit mit unseren Kunden und den vielfältigen Herausforderungen von Persönlichkeits-, Beziehungs- und Organisationsentwicklung, dass die Zeit für eine nachvollziehbare Dokumentation derselben unterbleibt.

Die hier aufgeführte Fallstudie und die damit einhergehenden Erläuterungen der zugrundeliegenden theoretischen Modelle ist im Rahmen meiner Prüfung zum CTA-O (Certified Transactional Analyst im Anwendungsfeld Organisation) entstanden. Sie zeigt einerseits eine für mich typische Herangehensweise an komplexere Veränderungsprozesse auf und bietet ergänzend dazu spezifische Sichten zu zugrundeliegenden Haltungen und Einstellungen. Die theoretischen Modelle komplettieren dabei den Hintergrund meiner konzeptionellen Verortung, wobei dies hier fallbezogen exemplarisch dargestellt ist und damit keinen Anspruch auf Vollständigkeit hat. Es sei ebenfalls darauf hingewiesen, dass diese Fallstudie maßgeblich strukturierenden Charakter hat im Hinblick auf Diagnostik, Konzeptionalisierung und Ableitung von Zielen sowie Interventionen.

Die Arbeit ist in zwei Teile gegliedert, wovon der erste Teil die Fallstudie beschreibt. Um den Fluss der Darstellung nicht zu stören, sind die wesentlichen Grundlagen der theoretischen Modelle im zweiten Teil beschrieben. Entsprechende Verweise finden sich jeweils an den relevanten Stellen.

1 Fallstudie

In der Fallstudie beschreibe ich die Auftragsklärung und daraus resultierende erste Schritte der Begleitung eines umfassenden Veränderungsprozesses einer mittelständischen Organisation.

In den ersten beiden Kapiteln werden kurz Basisinformationen über die Organisation gegeben und die Hinführung zur Auftragsklärung beschrieben. Das folgende Kapitel erläutert den Kontext des erteilten Auftrags, die eigentliche Auftragsklärung und damit verbundene Interventionsplanung. Kapitel vier setzt sich mit den durchgeführten Interventionen und deren Umsetzungsergebnis auseinander. Im letzten Kapitel wird ein Ausblick auf den weiteren Prozess gegeben.

1.1. Allgemeine Angaben und Informationen über den Kunden

Bei der Organisation handelt es sich um ein Verlagshaus mit etwa 400 Mitarbeitern. Kerngeschäft sind die Printmedien eines Hauptblattes sowie einiger Regionalausgaben, ebenso gehört zum Verlag eine eigene Druckerei. Die Organisation ist wie folgt strukturiert:

Abbildung 1: Organigramm der Funktionsbereiche

Das Unternehmen ist im Besitz zweier Gesellschafter, einer Verlegerfamilie mit Mehrheitsbeteiligung und einem überregionalen Medienunternehmen.

Geführt wird die Organisation von zwei Geschäftsführern. Im Jahr 2009 war es zu einem Wechsel in der Geschäftsführung gekommen, da sich der inhabende Verleger aus der Geschäftsführung zurückgezogen hat.

Herr M. ist seit 35 Jahren in der Organisation. Er hat immer in der Redaktion gearbeitet und ist über die Chefredaktion in die Geschäftsführung berufen worden. Herr M. ist für die Redaktion verantwortlich sowie für die Verhandlungen mit der Arbeitnehmerseite und hat sich seit Mitte 2013 aus dem sonstigen operativen Geschäft zurückgezogen.

Der zweite Geschäftsführer, Herr G., ist 44 Jahre alt und ebenfalls in 2009 in die Geschäftsführung berufen worden. Er ist gelernter Drucker, hat im Anschluss studiert und ist vor 10 Jahren von einem großen Medienunternehmen in die unternehmenseigene Druckerei als Leiter gewechselt. Herr G. ist für das operative Geschäft verantwortlich und direkter Auftraggeber.

Die Verlagsbranche unterliegt einem gravierenden marktbedingten Wandel, der für die Organisationen inhaltlich und kulturell eine signifikante Veränderungsnotwendigkeit erzeugt. Die Gewinne aus dem klassischen Printgeschäft (Abonnements und Anzeigen) schmelzen konstant über die letzten 15 Jahre ab, elektronische Medien und die breite Distribution von Informationen über das Internet erfordert eine andere Herangehensweise der Kundenansprache. Eine Diversifizierung in andere Geschäftsmodelle und wirtschaftliche Standbeine ist zwingend erforderlich, um Risiko zu streuen und das Überleben abzusichern. Gleichzeitig sind die wirtschaftlich erfolgsverwöhnten Verlage verbunden mit dem Selbstverständnis eines definierten journalistischen Qualitätsanspruchs das Durchleben geschweige denn die Gestaltung von Veränderungsprozessen per se nicht gewöhnt, was eine zusätzliche Herausforderung bedeutet.

1.2. Hinführung zur Auftragsklärung

Herr G. hatte uns über einen anderen Kunden kontaktiert, inwieweit wir ihn bei einem anstehenden Veränderungsprozess unterstützen können. Im Frühjahr 2014 fand ein gemeinsames Vor-Ort-Gespräch mit Herrn G. statt, um sich kennen zu lernen und die Situation aufzunehmen.

In der Beschreibung der Situation wurde deutlich, dass der anstehende Veränderungsprozess eine hohe Komplexität besitzt. Daher wurde vereinbart, dass in einem halbtägigen Workshop mit beiden Geschäftsführern eine tiefergehende Beschreibung der Aspekte erforderlich ist, um auf dieser Basis eine Auftragsklärung zu erreichen und damit verbunden die nächsten Schritte festzulegen.

1.3. Kontext des erteilten Auftrags, Vereinbarung und Planung

Das Kapitel 1.3. ist wie folgt strukturiert: Im ersten Teil sind die im Auftragsklärungs-Workshop diskutierten Aspekte der aktuellen Situation dargestellt, so wie sie von den Geschäftsführern berichtet wurden. Im zweiten Teil ist die konzeptionelle und theoretische Verortung dieser Aspekte beschrieben sowie die daraus resultierenden diagnostischen Schlüsse. Im dritten Teil wird die Ableitung der Hypothesen und der daraus resultierenden Ziele erörtert sowie die Interventionen strukturiert. Der vierte Teil greift noch einmal aus meiner Sicht relevante Aspekte der Auftragsklärung und Vertragsgestaltung auf.

1.3.1. Beschreibung der aktuellen Situation durch die Geschäftsführung

Die beiden Geschäftsführer haben die Aspekte der aktuellen Situation beschrieben, die sie zurzeit wahrnehmen. Dabei sind wir zunächst nur auf der Existenzebene[1], also der Beschreibung der problematischen Situation, geblieben. Aus den einzelnen Aspekten wurde das folgende Bild (Abb. 2) mit den beiden Geschäftsführern entwickelt.

Ausgehend von diesem Bild ist im Hinblick auf die folgende diagnostische Struktur die Existenzebene und in Teilen die Bedeutungsebene, soweit bewusst, vertiefend diskutiert worden:

- allgemeine Grundüberlegungen

- Geschäftsführung

---

[1] die Begriffe der Existenz- und im Weiteren auch der Bedeutungsebene beziehen sich auf das Modell der Abwertungsmatrix.

- Führungskreis

- Verständnis von Führung

- Organisation

- Kultur

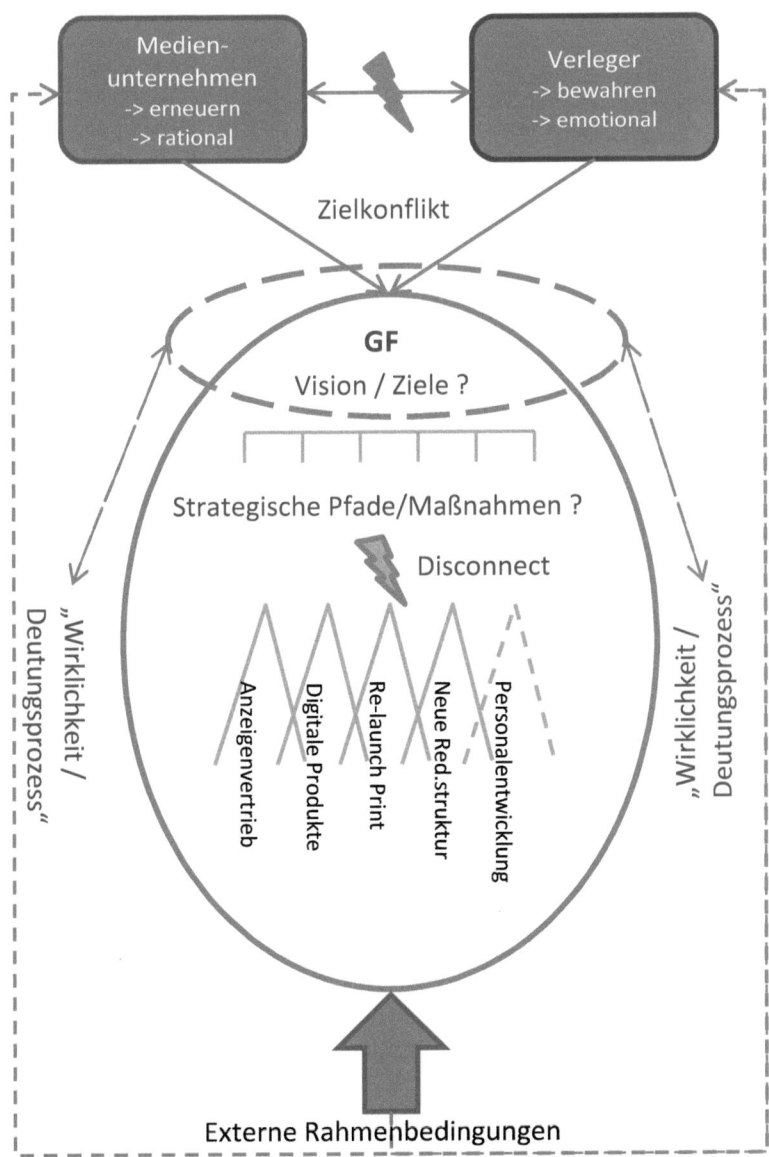

Abbildung 2: Umfeldanalyse der Organisation aus Sicht der Geschäftsführung

Allgemeine Grundüberlegungen:

Die unterschiedliche Deutung der Wirklichkeit auf Gesellschafterebene führt zu einer anderen Konsequenz im Hinblick auf die langfristige inhaltliche und strukturelle Ausrichtung des Unternehmens
(Vision). Während das Medienunternehmen stark auf Erneuerung
drängt und dies vor allem rational begründet, wirkt die Verlegerfamilie eher bewahrend im Sinne eines Vollverlags und stärkt damit
die emotionale Zugehörigkeit. Dieser Zielkonflikt bzw. die daraus
entstehende Unklarheit trägt sich in die Organisation. Die Ausrichtung des Medienunternehmens "geistert als Schreckgespenst durch
die Flure", die Ausrichtung der Verlegerfamilie bedient dagegen die
Phantasie von Schutz und Erhalt des Status Quo.

Gleichzeitig besteht Klarheit und Einigkeit zwischen den Geschäftsführern, dass nur noch etwa 3 bis 4 Jahre bleiben, um eine signifikante Neuausrichtung hin zu einem Medienhaus zu vollziehen. Ansonsten würde es zu einer möglicherweise existenzgefährdenden
Krise kommen. Die Geschäftsführer sind sich ebenfalls einig, dass
ein eigener Weg erforderlich ist, der weder der einen noch anderen
Position der Gesellschafter vollständig Rechnung trägt sondern Aspekte beider Facetten integriert.

Geschäftsführung:

Die beiden Geschäftsführer beschreiben ihre inhaltliche Rolle so,
dass Herr G. die operative Geschäftsverantwortung hat und Herr
M. die Verantwortung für die Redaktion sowie für die Auseinandersetzungen mit der Verlegerfamilie und den Arbeitnehmervertre-
tern. Es ist angedacht, dass Herr G. perspektivisch auch die Redaktion übernehmen wird. Es ist nicht klar, zu welchem konkreten
Zeitpunkt Herr M. das Unternehmen altersbedingt verlassen wird
und ebenso, ob ein zweiter Geschäftsführer bestellt wird oder Herr
G. die alleinige Verantwortung tragen wird. Die Beziehung untereinander wird von beiden sehr positiv und die gegenseitigen Ab-

stimmungsprozesse als sehr gut beschrieben. Herr M. sieht sich e-
her als "Mentor" bzw. Wegbegleiter, um Herrn G. "fest im Sattel zu
verankern".

Erster Führungskreis (Bereichsleiter):

Die Gruppe der Bereichsleiter wird von beiden Geschäftsführern als
heterogen beschrieben. Einige werden als fordernd und unterstützend wahrgenommen, andere eher als passiv und bremsend. Auch
Konflikte zwischen einzelnen Protagonisten sowie Lagerbildung
werden beschrieben und ein "Wettbewerb" der Führungskräfte um
die Intensität der Beziehung zu Herrn G.

Die Geschäftsführung äußert Zweifel, inwieweit der erste Führungskreis die Fähigkeit besitzt, den anstehenden Veränderungsprozess gemeinsam mit der Geschäftsführung eigenverantwortlich
zu steuern und die Umsetzung entsprechend zu begleiten.

Verständnis von Führung:

Das Unternehmen wurde bis vor wenigen Jahren patriarchalisch geführt von der Verlegerfamilie, die sich redaktionsnah positioniert
hat. Herr M. beschrieb Managementsitzungen als "Kaffeekränzchen
bei dem man für etwa zwei Stunden nett miteinander geplaudert
hat und der Verleger zum Schluss seine Entscheidungen bekannt
gab."

Der Führungsanspruch wird maßgeblich in fachlicher Kompetenz
verortet, in Teilen auch managerialer Kompetenz. Unternehmerische Kompetenzen im Sinne von Arbeit an der Entwicklung der
langfristigen Ausrichtung sowie die Fähigkeit zur Menschenführung
werden eher als gering bzw. sehr unterschiedlich wahrgenommen.
Beide Geschäftsführer berichten, dass es zu Führung weder bei
Ihnen selbst noch bei den Bereichsleitern über persönliche Fähigkeiten hinaus angemessene Qualifikationsmaßnahmen gegeben
hat.

Es bestehen keine Ansätze für einen Personalentwicklungsprozess weder auf Mitarbeiter- noch auf Führungsebene. Dies ist den Geschäftsführern als Defizit bewusst und soll angegangen werden.

Organisation:

Die Organisation ist keine maßgeblichen Veränderungen gewöhnt. Auch wenn seit etwa 15 Jahren die Margen abschmelzen und damit eine Veränderungsnotwendigkeit besteht, gab es bislang keine umfassenderen Maßnahmen, damit umzugehen. Dies ist darauf zurückzuführen, dass in der Vergangenheit auch auf Bereichsleitungsebene keine hinreichende Transparenz zu wirtschaftlichen Kennzahlen bestand und entsprechend keine Ziele bekannt waren. Stattdessen wurden keine Neu- bzw. Ersatzeinstellungen und lediglich eine sanfte Kostenreduktion vorgenommen. Dies hat u.a. dazu geführt, dass das Durchschnittsalter der Redaktion bei 54 Jahren liegt.

Es gibt keine Organigramme oder Stellenbeschreibungen. An beiden Aspekten ist gerade die Arbeit begonnen worden, auch als Grundvoraussetzung für die Aufnahme des Personalentwicklungsprozesses.

Im Rahmen der Neuausrichtung hat Herr G. in den letzten 12 Monaten viele einzelne Projekte unterschiedlicher Größe angeschoben, z. B. in der Redaktion, dem Anzeigenvertrieb und bei prozessualen Strukturen. Herr G. hat wahrgenommen. dass er mit der Vielfalt der Einzelthemen und der geforderten Umsetzung die Organisation im Hinblick auf Geschwindigkeit und Komplexität stark überfordert hat. Von daher sind einige der Initiativen bereits wieder "auf Eis" gelegt worden. Als schwierig wird angesehen, dass es an einer übergeordneten Vision bzw. langfristigen Ausrichtung fehlt, so dass die einzelnen Projekte nicht in einem Gesamtkontext verortet werden können.

Im Rahmen der Diskussion wurde deutlich, dass eine umfassende Entwicklung der Organisation erforderlich ist, um das angestrebte Ziel der erfolgreichen Neuausrichtung zu erreichen.

Kultur:

Anknüpfend an das Führungsverständnis beschreiben die Geschäftsführer die Kultur generell als "unflexibel und geprägt von geringer Eigenverantwortung und wenig Initiative". Sie haben den Eindruck, man würde von Ihnen alle Lösungen erwarten und bestehende Probleme direkt an sie adressieren. Die Fähigkeit zur Auseinandersetzung und Problemlösung innerhalb der jeweiligen Führungsebenen wird als sehr gering beschrieben bzw. Versuche führen eher zu Konfliktverhärtung und Eskalation nach oben. Es besteht gleichzeitig der Eindruck, dass das operative Miteinander innerhalb der jeweiligen Abteilungen gut funktioniert, eine abteilungsübergreifende Zusammenarbeit aber kaum ausgeprägt sei und über zwingende Notwendigkeiten nicht hinausgeht.

Daraus resultierend ist deutlich geworden, dass der Aspekt der Organisationsentwicklung zwangsläufig an eine Entwicklung der Unternehmenskultur geknüpft ist.

Organisations-Verständnis:

An dieser Stelle möchte ich auf eine eigene Überzeugung im Hinblick auf die Entwicklung von Organisationen eingehen. In der Praxis von Organisationen begegnet mir immer wieder eine Trennung von Kultur - im Sinne von Werten, Führungs- und Unternehmenskultur - und der wirtschaftlichen bzw. inhaltlichen Ausrichtung und Zielsetzung. Während sich auf der hoch aggregierten Ebene von Vision, Mission oder Leitbild oft noch beide Aspekte gemeinsam wiederfinden, werden diese auf den konkreteren Ebenen der Steuerung von Organisationen getrennt betrachtet. Gleichzeitig ist in vielen Studien nachvollzogen und in der Praxis beobachtbar, dass das Scheitern strategischer Vorhaben oder komplexer Projekte nicht an inhaltlichen Herausforderungen oder per se fehlender Fachqualifikation liegt, sondern eher am Mangel der sogenannten "weichen" Faktoren.[2]

Ich bin davon überzeugt, dass es bei Veränderungsprozessen, vor allem bei denen, die eine eher grundsätzliche Neuausrichtung zum Inhalt haben, darauf ankommt, beide Aspekte integral zu bedenken und auch die Interventionen entsprechend zu gestalten, dass von vorneherein beide Aspekte angemessen berücksichtigt werden.

Auch in dieser Organisation ist die bestehende Unternehmenskultur nicht förderlich, sondern zumindest in Teilen hinderlich für die angeschobenen inhaltlichen und strukturellen Veränderungen. Ohne die Initiierung einer kulturellen Veränderung - wissend um die damit verbundene zeitliche Perspektive - werden wahrscheinlich nicht die gewünschten Erfolge sichtbar bzw. die Ziele erreicht werden, da diese sich sonst zueinander querlegen (vgl. Thiele & Korpiun 2019a).

1.3.2. Konzeptionelle und theoretische Verortung und diagnostische Schlüsse

Zur Verortung der beschriebenen Eindrücke und der darauf basierenden Diagnostik wurden die nachfolgend beschriebenen Modelle genutzt.

Einige davon habe ich explizit im Rahmen des Workshops den Geschäftsführern vorgestellt und gemeinsam reflektiert. Andere Modelle habe ich implizit in meinem eigenen Denken genutzt. Hintergrund meiner Entscheidung war, dass der eingeschränkte

---

[2] Dies beinhaltet zum Beispiel fehlende Reflexion über eigene Wahrnehmungen und Haltungen, Abwertung anderer Sichtweisen und Problemlösungsmuster, Polarisierungseffekte in schwelenden Konfliktsituationen oder schlicht unzureichender Raum für Dialog.

Zeitrahmen eine durchdringende Reflektion aller Modelle nicht zulässt. Eine oberflächliche Reflektion birgt aus meiner Sicht die Gefahr der Erkenntnisverwässerung und u.U. einen abschreckenden Eindruck von Komplexität, der im Hinblick auf die Strukturnotwendigkeit kontraindiziert ist.

Darüber hinaus ist aus den Aussagen der Geschäftsführung für mich zwar eine Hypothesenbildung möglich, diese bedarf aber bei einer solchen Komplexität eines weiteren Validierungsschritts über den bestehenden Auftragsklärungsworkshop hinaus.

Folgende Modelle und Konzepte wurden betrachtet:

1. Das Autonomiemodell nach Berne sowie dessen Applikation auf Organisationen nach Vogelauer (implizit).

2. Das Modell der Grundbedürfnisse nach Berne (implizit).

3. Das Modell der Gruppendynamik nach Berne (implizit).

4. Das Modell der Kompetenzkurve nach Hay sowie deren Phasenverschiebung (explizit).

5. Das Modell der Passivität nach der Schiff-Schule (explizit).

Autonomiemodell

Dies Modell nutze ich als Gradmesser für den Status einer Organisation im Hinblick auf deren Fähigkeit, mit Veränderung umzugehen. Als Transaktionsanalytiker ist die Begriffsbedeutung der Autonomie für mich wichtig, da diese sowohl Weg als auch Ziel beschreibt.[3] (theoretische Betrachtung s. Kapitel 2.4. auf Seite 148ff.).

---

[3] vgl. Hagehülsmann, U./H. (1998), S. 14

Hier habe ich aus den Schilderungen der Geschäftsführung für mich folgende Kernaspekte im Kontext von organisationaler Autonomie festgehalten:

- Bewusstheit: es besteht ein signifikantes Defizit an Bewusstheit und damit verbunden an Klarheit auf vielen unterschiedlichen Ebenen, bzgl.

    o der langfristigen strategischen Ausrichtung

    o der organisatorischen Struktur und Aufgaben-/Stellenzuordnung

    o der zukünftigen Rollen von Herrn M. und Herrn G. in der Geschäftsführung

    o der Rolle der Geschäftsführung und der Bereichsleiter im Veränderungsprozess

    o der Gründe, warum die initiierten Einzelmaßnahmen nicht wirksam sind.

Als Konsequenz daraus kann im Sinne von Vogelauer festgehalten werden, dass die Effektivität der Organisation entsprechend gering ist.

- Flexibilität: es zeigt sich an vielen Facetten, dass die Flexibilität stark eingeschränkt ist. Dies rührt im Wesentlichen aus zwei Faktoren

    o historisch sieht sich die Organisation als dem Leser etwas Gebendes. Die Margen waren gut und verbunden mit dem journalistischen Selbstverständnis wurde nie die Notwendigkeit gesehen, sich am "Kunden" auszurichten. Entsprechend besteht eine hohe Innenzentrierung. Veränderungen im Marktumfeld werden zwar kognitiv zur Kenntnis genommen, aber in ihrer Bedeutung abgewertet.

o aus gleichem Grund bestehen nur geringe Wahrnehmungs- und Umsetzungsfähigkeiten, Veränderung wirksam und weitestgehend friktionsfrei zu verankern.

Es ist meines Erachtens fast unmöglich, dass eine Organisation ein hohes Maß an Flexibilität zeigt bei einer derartigen Lücke in der Bewusstheit.

- Zusammenarbeitskultur: es lassen sich bereits Indikatoren erkennen, die einem unterentwickelten Autonomieverständnis entsprechen. Die historische Anlage des patriarchalischen Führungsstils ist wirksam, z.B.

  o Bis heute gab es kaum Transparenz zu wirtschaftlichen Kennzahlen, nicht einmal auf Bereichsleiterebene.

  o Gemeinsame bzw. funktionsübergreifende Problemlösungen finden nur operativ statt, innerhalb der jeweiligen Führungsebenen im managerialen Kontext kaum. Stattdessen werden Probleme eher nach oben delegiert.

  o Wertschätzung, konstruktive Kritik und Rückmeldeprozesse sind nicht etabliert. Konflikte werden nicht offen thematisiert.

Insgesamt lässt sich festhalten, dass die Organisation über ein verhältnismäßig geringes Niveau in allen Aspekten der Autonomie verfügt und damit zum jetzigen Zeitpunkt aus eigener Kraft nur sehr schwer in der Lage sein wird, mit der signifikanten Veränderungsnotwendigkeit umzugehen. Das wiederum bedeutet neben einem langfristigen Befähigungsaspekt die Notwendigkeit einer möglichst breiten kurzfristigen Aktivierung aller drei Aspekte, wobei ich hier Bewusstheit und Zusammenarbeitskultur als primäre Hebel ansehe, die Flexibilität nach sich ziehen.

Modell der Grundbedürfnisse

Dieses Modell nutze ich als diagnostisches Grundmodell, um den "Hunger" nach Stimulation, Strokes (Zuwendung) und Struktur zu erfassen und sowohl im Prozess der Auftragsklärung als auch im Hinblick auf die Interventionsplanung die Bedürfnisse zu berücksichtigen. (theoretische Betrachtung: s.Kap. 2.4/5., S. 151/162 ff.)

Im konkreten Fall lassen sich folgende Schlüsse im Hinblick auf die Befriedigung der Grundbedürfnisse ziehen.

- Der Hunger nach Stimulation ist historisch unterentwickelt. Neues wird eher als Bedrohung, denn als Chance wahrgenommen. Es besteht kein Prozess für Innovation und Kreativität, dies zeigt sich u.a. in der Unsicherheit über neue Geschäftsfelder und Marktmöglichkeiten. Auch Beziehungen werden eher funktional denn stimulierend beschrieben. Es ist bereits sichtbar, dass ein signifikant erhöhter Stimulus durch neue Aktivitäten aus der Geschäftsführung schnell zu einer Überforderungssituation führen können.

- Der Hunger nach Zuwendung ist maßgeblich durch das patriarchalische Führungssystem geprägt. Zuwendung im Sinne von persönlicher Wertschätzung und einer offenen konstruktiven Auseinandersetzung hat nur in sehr geringem Umgang stattgefunden bzw. wurde auf Einzelne verteilt. Dies lässt sich auch daran verdeutlichen, dass die Nähe zur Geschäftsführung als Gradmesser der Abgrenzung zu Anderen verstanden wird. Gleichzeitig hat das patriarchalische System Zuwendung im Sinne von Schutz und Fürsorglichkeit vermittelt, was u.a. die langjährige Unternehmenszugehörigkeit erklären kann. Im Sinne einer adäquaten Bedürfnisbefriedigung wäre das Geben von Zuwendung kulturell zu verankern und auch im Beratungsprozess begleitend relevant.

- Der Hunger nach Struktur ist sehr hoch. Struktur wurde bisher implizit gelebt durch die Entscheidungen des Verlegers. Sichtbare bzw. manifeste Strukturen sind dagegen kaum vorhanden bzw. wurden als unnötig erachtet. Auch eine inhaltliche Struktur im Sinne einer langfristigen Ausrichtung und der Zusammenführung der Einzelbereiche zu einem gemeinsamen Ziel besteht nicht.

Zusammenfassend lässt sich festhalten, dass im Sinne einer adäquaten Bedürfnisbefriedigung folgendes zu beachten ist:

- Eine Ausprägung organisatorischer und inhaltlicher Strukturen ist maßgeblich zur Absicherung des Entwicklungsprozesses. Vor allem die Klarheit der langfristigen Ausrichtung ist zeitnah erforderlich als stützende Orientierung im Gesamtprozess.

- Eine gefühlte Überforderungssituation wird sich nicht vollständig vermeiden lassen, da auch unter Rücknahme von Einzelaktivitäten bereits kurzfristig einschneidende Maßnahmen und Veränderungen erforderlich sind. Gleichzeitig ist es aus Führungsperspektive wichtig, darüber Bewusstheit zu haben und dies auch auszudrücken. Die Entwicklung von Innovation und Kreativität ist eine positiv besetzte Stimulationsmöglichkeit, verbunden mit der Erlaubnis, sich an der unternehmerischen Ausrichtung sowie neuen innovativen Feldern zu beteiligen.

- Die bisherige Form der Zuwendung im Sinne des fürsorglichen Schutzes entfällt zunehmend durch das bedrohliche
wirtschaftliche Szenario, was destabilisierend wirkt. Entsprechend ist Zuwendung neu zu definieren und kulturell
zu verankern. Dies ist ein längerfristiger Prozess. Bewusstheit darüber, wie dies gelebt werden soll und was dafür
wichtig ist, ist zeitnah zu entwickeln, damit dieser Prozess
beginnen kann.

Modell der Gruppenkräfte

Dies Modell nutze ich, um eine erste Verortung im Hinblick auf den
Schwerpunkt des übergreifenden Veränderungsprozesses zu erlan-
gen und um Grenzen sowie deren Funktion zu verdeutlichen. Interessant ist dabei, wie bei diesem Modell die Wahrnehmungen von
Führungsebenen divergieren oder ähnlich sind. (theoretische Betrachtung s. Kapitel 2.1., S. 121 ff.)

Wir haben das Modell von Berne erweitert in der Differenzierung
der Gruppenkontexte entlang von (vgl. Thiele et al. 2019a)

- Arbeitsgruppe: Fokussierung der Gruppenenergie auf Auseinandersetzungen an den Nebengrenzlinien im Sinne individueller Neigungen

- Kampfgruppe: Fokussierung der Gruppenenergie auf die
Aufrechterhaltung der eigenen Struktur nach außen

- Entwicklungsgruppe: Fokussierung der Gruppenenergie auf
die Aufrechterhaltung der eigenen inneren Struktur

- Krisengruppe: Fokussierung der Gruppenenergie auf die
Aufrechterhaltung der inneren UND äußeren Grenzlinien.

In unserer Darstellung haben wir diese vier Gruppenarten in einer Raute gefasst, um so unter anderem die Verortung einer Gruppe bzw. Organisation zu ermöglichen.

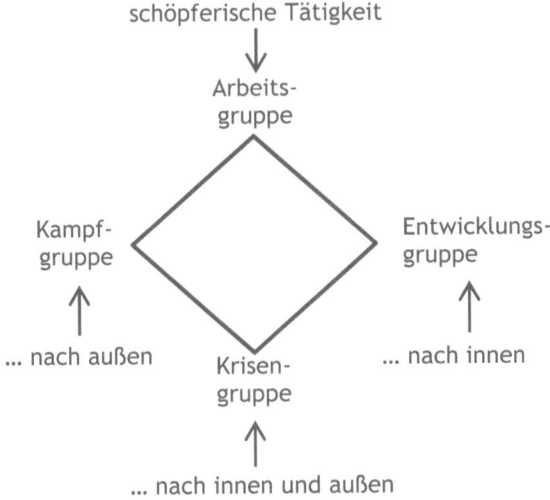

Abbildung 3: Verortung von Gruppen und Organisationen anhand der Gruppenkontexte (eigene Darstellung in Anlehnung an Berne)

Aus den Schilderungen der Geschäftsführer wird deutlich, dass

- ein erheblicher Druck von außen besteht, der bisher auf Existenz- und Bedeutungsebene abgewertet wurde, aber mittelfristig bereits existenzgefährdend sein kann

- ein deutlicher Druck von innen besteht, weniger im Sinne von Agitation hin zur Geschäftsführung, sondern eher bestehender Spannungen zwischen Abteilungen und bereits im ersten Führungskreis zwischen den Bereichsleiter.

Entsprechend sehe ich eine Verortung der Organisation in etwa wie folgt.

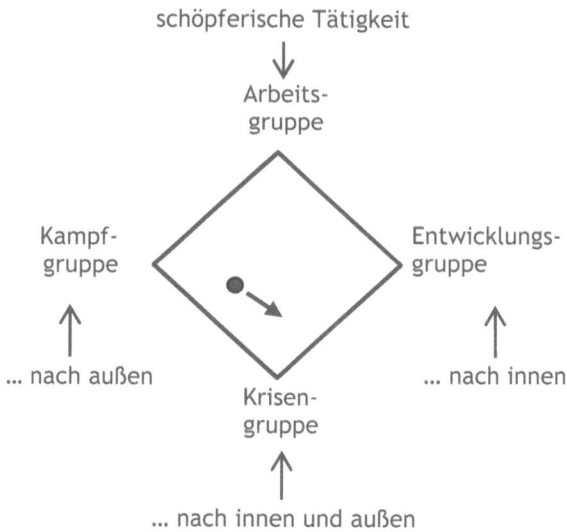

Abbildung 4: Verortung der Klientenorganisation

Dies bedeutet zum einen eine dringliche Auseinandersetzung mit den äußeren Rahmenbedingungen, was in konkreten Projekten zwar bereits geschieht. Allerdings, wie erwähnt, nicht mit einer klaren Orientierung, was es erschwert, wirklich schlagkräftige kohäsive Kräfte zu bündeln.

Gleichzeitig besteht eine Entwicklungsnotwendigkeit nach innen, die meines Erachtens zunächst mit einer Ausrichtung des ersten Führungskreises beginnen muss, um von dort aus mit einheitlichem Verständnis und Botschaften in die Organisation zu wirken. Auch wird hier noch einmal die Notwendigkeit einer kulturellen Veränderung im Sinne funktionsübergreifender Zusammenarbeit deutlich.

Es macht entsprechend Sinn, an beiden "Fronten" parallel zu arbeiten, um die Organisation zu effektivem Arbeiten zu entwickeln. Dies unterstreicht, dass eine mögliche Überforderungssituation besonderer Beachtung bedarf.

Modell der Kompetenzkurve

Dies Modell nutze ich, um den Verlauf von Veränderungsprozessen generell und um die Verschiebung entlang der Hierarchieebenen zu verdeutlichen. Mir war wichtig, dies explizit zu reflektieren, um die Relevanz einer ganzheitlichen Begleitung des Prozesses deutlich zu machen und die Frage des Informations- und Einbindungszeitpunktes der weiteren Führungsebenen zu diskutieren (theoretische Betrachtung s. Kapitel 2.4. auf Seite 156 ff.).

Das Modell der Kompetenzkurve sowie die damit verbundene Phasenverschiebung habe ich mit den beiden Geschäftsführern gemeinsam diskutiert mit folgenden Schlussfolgerungen:

- Die beiden Geschäftsführer haben ein weitgehend gemeinsames Bild von der Zukunft entwickelt und sich im letzten Jahr intensiv damit auseinandergesetzt, insbesondere auf Gesellschafterebene. Auch wenn zum jetzigen Zeitpunkt noch kein wirklich gemeinsames Verständnis auf Gesellschafterebene besteht, ist sich die Geschäftsführung ihres angestrebten Weges weitgehend sicher. Die beiden Geschäftsführer verorten sich selber zwischen Akzeptanz und Entwicklung.

- Nach Einschätzung der Geschäftsführer stehen die Teilnehmer des Führungskreises an unterschiedlichen Stellen im Prozess zwischen Verleugnung und Akzeptanz. Die angestoßenen Projekte aus der Geschäftsführung werden zwar singulär betrachtet von der zweiten Führungsebene kognitiv verstanden und verfolgt, eine wirkliche Auseinandersetzung mit der Bedeutung, vor allem auf der Ebene des Veränderungsprozesses als solches hat nicht stattgefunden, was Widerstand, Konflikte und Frustration hervorruft.

- Die Mitarbeiter sind weitgehend unberührt vom Geschehen. In der Betriebsversammlung im April wurden erstmals Zahlen von Herrn G. deutlich gemacht und damit Transparenz über die Umsatz- und Ertragssituation hergestellt. Beide Geschäftsführer berichten aber von Gesprächen mit Mitarbeitern, bei denen zwar die Existenzebene jedoch nicht die Bedeutungebene dieser Information reflektiert wurde. Entsprechend werden die Mitarbeiter weitgehend am Anfang verortet, je nach Betroffenheit.

Im Rahmen dieser Diskussion ist für die Geschäftsführer noch einmal deutlich geworden, dass es zeitnah einer einvernehmlichen Klärung auf Gesellschafterebene bedarf, damit ihr eigener Auftrag erfüllbar ist.

Ebenso wurde die Notwendigkeit sichtbar, den ersten Führungskreis "abzuholen" und die langfristige Ausrichtung als gemeinsamen Prozess mit den Bereichsleitern zu gestalten.

Für mich ist hier die Relevanz unterstrichen worden, die Mitglieder des ersten Führungskreises zu ihrer Verortung zu befragen.

Modell der Passivität

Dies Modell nutze ich vor allem als kulturelles Reflexionsmodell, insbesondere in Fällen, wo passive - also nicht lösungsorientierte -

Denk- und Verhaltensmuster erkennbar sind. Ich habe dies Modell hier als Deutung genutzt, um die von den Geschäftsführern beschriebenen kulturellen Symptome mit passiven Denk- und Verhaltensmustern zu spiegeln und damit auch meine Hypothese in diese Richtung zu untermauern (theoretische Betrachtung s. Kapitel 2.6. auf S. 168 ff.).

Mit den Geschäftsführern sind zu den vier Formen von Vermeidungsverhalten folgende Aspekte diskutiert worden:

- Nichtstun: Die Handlungsnotwendigkeit wird trotz zunehmender Transparenz abgewertet oder ausgeblendet ("Wir sind doch die Firma XY"). Unklar formulierte Ziele und Aufgaben führen zu einer primären Beschäftigung mit sich selbst. Gleichzeitig wird das Fehlen klarer Erwartungen als Entschuldigung verwendet, abzuwarten mit dem Hinweis, dass ja immer noch weitere Informationen fehlen würden.

- Überanpassung: Herausforderungen werden häufig generalisiert und überbewertet. Es wird der Eindruck vermittelt, dass die Herausforderung so groß ist und so tiefgreifender Veränderungen bedarf, dass das eh nicht machbar ist. Komplexität wird geschaffen und dadurch Aufgaben nicht bewältigbar gemacht bzw. als unlösbar dargestellt. Auch die Tatsache, dass vielfach versucht wird, die Sicht der Geschäftsführer zu antizipieren und in Teilen ohne sinnvolle Absprache Aufgaben anzustoßen oder zu stoppen, wird von den Geschäftsführern hier verortet.

- Agitation: hier wurde sehr intensiv diskutiert, da sich Herr G. gefragt hat, ob er selber auch agitiert, da er so viele Projekte parallel angeschoben hat. Zum einen gibt es schon ein Grundverständnis, dass die angeschobenen Projekte adäquat sind im Hinblick auf eine sinnvolle Lösung. Gleichzeitig sagte Herr G., dass ihm selber eigentlich der langfristige Überbau fehlt und er sich daher nicht sicher sein kann, ob tatsächlich ein gemeinsames Grundverständnis vorliege. In der Organisation ist in den letzten 12 Monaten eine operative und in Teilen stereotype Hektik zu beobachten, von der die Geschäftsführer nicht den Eindruck haben, dass sie zielgerichtet ist. Es wurde der Satz zitiert "Ich fange schon mal an."

- Sich unfähig machen / Gewalttätigkeit: Die Krankheitsquote ist nicht überdurchschnittlich hoch und offensichtliche Gewalt ist auch nicht beobachtbar. Was jedoch sehr intensiv diskutiert wurde, sind die verbalen Attacken insbesondere zwischen Mitgliedern des ersten Führungskreises. Dabei hat Herr G. davon berichtet, dass er in Teilen den Eindruck hat, dass bewusst Grenzen zu anderen überschritten werden durch direkte Ansprache von ihm als Geschäftsführer.

Insgesamt wurde deutlich, dass passives Verhalten in unterschiedlicher Intensität über alle vier Formen in der Organisation sichtbar ist. Ich habe noch einmal deutlich gemacht, dass das historische patriarchalische Führungssystem passives Verhalten stark unterstützt und es insbesondere aus der Geschäftsführung, aber auch dem ersten Führungskreis wichtig ist, Erlaubnis gebend zu wirken, um damit den Mitarbeitern zu signalisieren, ihren Teil der Verantwortung wieder umfänglich wahrzunehmen.

1.3.3. Hypothesen, Ziele und Interventionsplanung
In der folgenden Übersicht habe ich die Ebenen und die Beschreibung der Situation (1.3.1.) zu den Konzepten (1.3.2.) in Beziehung gesetzt.

Ebene	Beschreibung der Situation	Konzeptverortung
Allgemeine Grundüberlegungen	Fehlende Zielkonfliktlösung auf Gesellschafterebene verhindert Klarheit in der langfristigen Ausrichtung	Autonomie / Bewusstheit Grundbedürfnis / Struktur Kompetenzkurve
	In der Organisation ist die Dramatik der äußeren Rahmenbedingungen noch nicht angekommen	Autonomie / Flexibilität Gruppendynamik Kompetenzkurve Passivität / Nichtstun
	Es bestehen Schwierigkeiten, neue Geschäftsfelder zu identifizieren und zu entwickeln.	Grundbedürfnis / Stimulation Gruppendynamik
Geschäftsführung	Fehlende Klarheit der zukünftigen Rollen der beiden Geschäftsführer	Autonomie / Bewusstheit Grundbedürfnis / Struktur
	Qualifizierungsbedarf im Umgang mit der eigenen Rolle in Veränderungsprozessen	Autonomie / Bewusstheit Autonomie / Flexibilität Kompetenzkurve
Erster Führungskreis	Konflikte und Lagerbildung	Autonomie / Zusammenarbeit Grundbedürfnis / Zuwendung Passivität / Gewalt
	Wettbewerb über Nähe zur Geschäftsführung	Grundbedürfnis / Zuwendung Gruppendynamik

		Passivität / Überanpassung
	Qualifizierungsbedarf im Umgang mit der eigenen Rolle in Veränderungsprozessen	Autonomie / Bewusstheit Autonomie / Flexibilität Kompetenzkurve
Führungsverständnis	Patriarchalisches Führungssystem	Autonomie / Zusammenarbeit Grundbedürfnis / Zuwendung Passivität / alle Formen
	Fachlich verortete Führung, Qualifizierungsbedarf in unternehmerischen Fähigkeiten und Menschenführung	Autonomie / Flexibilität Kompetenzkurve
Organisation	Keine Maßnahmen zum Umgang mit der kritischen Situation	Autonomie / Flexibilität Passivität / Nichtstun
	Keine Transparenz von wirtschaftlichen Kennzahlen und damit verbundenen Zielen	Autonomie / Zusammenarbeit Passivität / Nichtstun
	Keine Struktur der Aufbauorganisation (Organigramm, Stellenbeschreibung)	Autonomie / Bewusstheit Grundbedürfnis / Struktur
	Überforderung mit Anzahl einzelner Projekte / Aufgaben	Grundbedürfnis / Stimulation Gruppendynamik Passivität / Agitation

	Fehlende Orientierung zur Verortung von Projekten / Aufgaben in einem Gesamtbild	Autonomie / Bewusstheit Grundbedürfnis / Struktur Gruppendynamik
	Unflexibel	Autonomie / Flexibilität
	Geringe Eigenverantwortung und Initiative	Autonomie / Zusammenarbeit Grundbedürfnis / Zuwendung Passivität / Nichtstun
Kultur	Problemeskalation nach oben	Autonomie / Zusammenarbeit Passivität / Überanpassung
	Geringe Fähigkeit zur Problem- und Konfliktlösung	Autonomie / Zusammenarbeit Grundbedürfnis / Zuwendung Passivität / Gewalt
	Miteinander in Abteilungen funktioniert, zwischen Abteilungen nicht gut	Autonomie / Zusammenarbeit Grundbedürfnis / Zuwendung Gruppendynamik Passivität / Nichtstun, Gewalt

Abbildung 5: Diagnostische Ebenen, Situationsbeschreibung und Konzeptverortung

In der Zusammenfassung habe ich die folgenden <u>Hypothesen</u> gebildet. Diese unterscheiden sich nach Hypothesen auf der Inhaltsebene (HI) und Hypothesen auf der Prozessebene (HP).

Nr.	Beschreibung
HI 1	Die Konflikte auf Anteilseignerebene setzen sich (noch) fort in den beiden Geschäftsführern als synonyme Vertreter der beiden Grundrichtungen in der Wahrnehmung der Organisation. => Klärung der übergreifenden Ausrichtung.
HI 2	Es besteht ein hohes Maß an Orientierungslosigkeit auf inhaltlicher, struktureller und kultureller Ebene. => Auf allen Ebenen ist Klärung erforderlich.
HI 3	Die Mitglieder des ersten Führungskreises bzw. des Führungsteams inklusive Geschäftsführung haben unterschiedliche Auffassungen über die Veränderungsnotwendigkeit, die Art der Durchführung und den eigenen Beitrag. Entsprechend unterschiedliche Botschaften werden in die Organisation gesendet, darüber hinaus sind Konflikte und Lagerbildung sichtbar. => Klärung der Konflikte im Team und gemeinsame Ausrichtung des Führungsteams ("eine Stimme").
HI 4	Das historische patriarchalische Führungssystem und die damit verbundenen kulturellen Einschränkungen sind immer noch stark wirksam, auch durch die Geschäftsführung - obwohl sie sich selber anders wahrnimmt. => Entwicklung eines einheitlichen, neuen und expliziten Führungsverständnisses und -modells / Entwicklung einer neuen kulturellen Verortung zu Beginn des Prozesses zur Stabilisierung der weiteren Schritte.
HI 5	Es besteht eine signifikante Qualifikationslücke bei den Führungskräften. => Kurzfristige Bewusstheit und Reflektion sowie langfristige Befähigung.

HP 1	Die Organisation verfügt derzeit über einen geringen Grad an Autonomie und damit eine geringe Fähigkeit, selber die notwendigen Interventionen für den Veränderungsprozess zu identifizieren, zu strukturieren und umzusetzen. Darüber hinaus ist der Hunger nach Struktur sehr hoch. => Die Strukturierungsleistung des Veränderungsprozesses wird zunächst maßgeblich durch mich und meine Interventionen erfolgen.
HP 2	Es besteht eine Gefahr der Überforderung der Organisation in Anbetracht der notwendigen Geschwindigkeit und gleichzeitigen Breite der inhaltlichen Aktivitäten. => Berücksichtigung in der Interventionsplanung.
HP 3	Durch das bisherige kulturelle System besteht ein großer Hunger nach Zuwendung. => Von meiner Seite immer wieder Zuwendung und Beachtung geben, besonders im Kontext der Überforderungssituation.

Abbildung 6: Übersicht der Hypothesen

Im Hinblick auf die Interventionsplanung ist mir deutlich geworden, dass zuvor eine Ergänzung um die Perspektiven der Bereichsleiter erforderlich ist, um deren Blickwinkel zu berücksichtigen.

Wir haben dann auf Basis der Beschreibung der Situation und der Modelldiskussion über die Ziele hinleitend zu den nächsten Schritten diskutiert. Aus Übersichtlichkeitsgründen ist in der folgenden Darstellung schematisch die Zielstruktur ausgehend von obiger Tabelle dargestellt.

Die kursiv geschriebenen Ziele sind Aspekte aus der Diskussion, die ausschließlich in der Verantwortung der Geschäftsführer selber liegen bzw. bereits als Maßnahmen angestoßen wurden und damit nicht Bestandteil der Beauftragung sind. Die Abkürzungen unter der Spalte "Zeit" stehen für kurz-, mittel- und langfristig (K, M, L).

Zusammenfassend sind folgenden Punkte als zentral erachtet worden:

- durch die Marktentwicklung besteht ein dringender Handlungsbedarf zur strategischen Neuausrichtung, um mittelfristig eine existenzielle Krise der Organisation zu vermeiden

- es bedarf einer schnellen und umfassenden Herstellung von Orientierung

  o zur inhaltlichen Ausrichtung beginnend bei den Gesellschaftern

  o zur strukturellen Klarheit in der Organisation als sicherheitsgebender Faktor und Grundvoraussetzung für Entwicklungsmaßnahmen

  o zur kulturellen Ausrichtung als Gegenentwurf zum patriarchalischen Führungs- und Kulturmodell.

An allen Strängen sollte frühzeitig integrativ begonnen werden. Eine kohärente Bearbeitung der verschiedenen Aspekte (vor allem der kulturellen und strukturellen Ebene) stabilisiert Veränderungsprozesse entscheidend (vgl. Thiele & Korpiun. 2019a).

- der Synchronisation der Geschäftsführung mit den Bereichsleitern bzw. der Bereichsleiter untereinander kommt eine hohe Bedeutung zu; ohne diese Synchronisation bzw. gemeinsame Ausrichtung wird der Prozess gefährdet; insbesondere die gemeinsame Arbeit an Inhalten und der Steuerung des Veränderungsprozesses wird maßgeblich das einheitliche Verständnis fördern

- der potentiellen Überforderungssituation ist mit Achtsamkeit zu begegnen

- erfahrungsgemäß ist von einem Zeitraum von mindestens 3 Jahren auszugehen, um einen neuen "eingeschwungenen" Zustand zu erreichen.

Ebene	Beschreibung der Situation	Konzeptverortung	Ziele (Teil III)	Zeit
Setting	Fehlende Zielkonfliktlösung auf Gesellschafterebene verhindert Klarheit in der langfristigen Ausrichtung	Autonomie / Bewusstheit Grundbedürfnis / Struktur Kompetenzkurve	Z1: *Zielkonflikt mit den Gesellschaftern ist geklärt und Akzeptanz des eigenen Weges ist abgesichert.*	K
	In der Organisation ist die Dramatik der äußeren Rahmenbedingungen noch nicht angekommen	Autonomie / Flexibilität Gruppendynamik Kompetenzkurve Passivität / Nichtstun	Z2: Ein Leitbild ist entwickelt als Orientierung sowohl auf inhaltlicher als auch auf kultureller Ebene. Z3: Das Leitbild ist in der Organisation verankert.	K L
	Es bestehen Schwierigkeiten, neue Geschäftsfelder zu identifizieren und zu entwickeln	Grundbedürfnis Stimulation Gruppendynamik	Z4: Ein Prozess und eine Rollenverteilung ist definiert zur Entwicklung neuer Geschäftsfelder.	K-M
Ge-schäfts-führung	Qualifizierbarkeit der zukünftigen Rollen der beiden Geschäftsführer	Autonomie / Bewusstheit Grundbedürfnis / Struktur	Z5: *Es ist klar, wann Herr M. die Organisation verlässt und ob ein zweiter Geschäftsführer neu bestellt wird oder nicht.*	K
	Qualifizierbedarf im Umgang mit der eigenen Rolle in Veränderungsprozessen	Autonomie / Bewusstheit Grundbedürfnis / Flexibilität Kompetenzkurve	Z6: Bewusstheit ist da für Veränderungsprozesse und die damit verbundene Führungsrolle. Z7: Die Geschäftsführer sind in ihrer Rolle befähigt. Z8: Die Konflikte zwischen Einzelpersonen und die Systemdynamik innerhalb des Führungskreises und zu Geschäftsführung sind offengelegt und geklärt.	K-M L K-M
Erster Führungs-kreis	Konflikte und Lagerbildung	Autonomie / Zusammenarbeit Grundbedürfnis / Zuwendung Passivität / Gewalt	Z9: Es besteht eine gemeinsame explizite Ausrichtung des Führungsteams (inkl. Geschäftsführung) in der Organisation.	K-M
	Wettbewerb über Nähe zur Geschäftsführung	Grundbedürfnis / Zuwendung Gruppendynamik Passivität / Überanpassung	Z10: Bewusstheit ist da für Veränderungsprozesse und die damit verbundene Führungsrolle.	K-M
	Qualifizierungsbedarf im Umgang mit der eigenen Rolle in Veränderungsprozessen	Autonomie / Bewusstheit Autonomie / Flexibilität Kompetenzkurve	Z11: Die Bereichsleiter sind in ihrer Rolle befähigt. Z12: Es ist ein gemeinsames Führungsverständnis und Führungsmodell entwickelt und dokumentiert.	L K-M
Führungs-verständ-nis	Patriarchalisches Führungssystem	Autonomie / Zusammenarbeit Grundbedürfnis / Zuwendung Passivität / alle Formen		
	Fachlich verortete Führung, Qualifizierungsbedarf in unternehmerischen Fähigkeiten und Menschenführung	Autonomie / Flexibilität Kompetenzkurve	Z13: Alle Führungspersonen sind in unternehmerischen Fähigkeiten und Menschenführung geschult.	L
	Keine Maßnahmen im Umgang mit der kritischen Situation	Autonomie / Passivität Passivität / Nichtstun	Z14: *Es werden regelmäßig die wichtigsten Kennzahlen bereichsübergreifend dem Führungskreis zur Kenntnis gegeben.*	K
Organisa-tion	Keine Transparenz von wirtschaftlichen Kennzahlen und damit verbundenen Zielen	Autonomie / Zusammenarbeit Passivität / Nichtstun	Z15: *Es werden den Mitarbeitern regelmäßig Unternehmenskennzahlen mitgeteilt.*	K
	Keine Struktur der Aufbauorganisation (Organigramm, Stellenbeschreibung)	Autonomie / Bewusstheit Grundbedürfnis / Struktur	Z16: *Organigramme und Stellenbeschreibungen sind erstellt.*	K-M
	Überforderung mit Anzahl einzelner Projekte / Aufgaben	Grundbedürfnis / Stimulation Gruppendynamik Passivität / Agitation		
	Fehlende Orientierung zur Verortung von Projekten / Aufgaben in einem Gesamtbild	Autonomie / Bewusstheit Grundbedürfnis / Struktur Gruppendynamik	Z17: Es besteht Klarheit über die gewünschte / notwendige kulturelle Ausrichtung.	K
Kultur	Unflexibel	Autonomie / Flexibilität		
	Geringe Eigenverantwortung und Initiative	Autonomie / Zusammenarbeit Grundbedürfnis / Zuwendung Passivität / Nichtstun	Z18: Es sind Maßnahmen, zur Verankerung der Kultur verabschiedet und kommuniziert.	K-M
	Problemeskalation nach oben	Autonomie / Zusammenarbeit Passivität / Nichtstun Passivität / Überanpassung	Z19: Die angestrebte Kultur wird weitgehend gelebt.	L
	Geringe Fähigkeit zur Problem- / Konfliktlösung	Autonomie / Zusammenarbeit Grundbedürfnis / Zuwendung Passivität / Gewalt		
	Miteinander in Abteilungen funktioniert, zwischen Abteilungen nicht gut	Autonomie / Zusammenarbeit Grundbedürfnis / Zuwendung Gruppendynamik Passivität / Nichtstun & Gewalt		

Abbildung 7: Übersicht der abgeleiteten Ziele

Interventionsplanung

Vor dem Hintergrund des bisherigen patriarchalischen Führungsmodells war es der Geschäftsführung wichtig, auf breiterer Basis (Führungskreis) an einer kollektiven Einsicht zu Hintergrund, Existenz und Bedeutung der anstehenden Veränderung zu arbeiten und auf gemeinsamer Basis einen Fahrplan zu erarbeiten.

Dabei wurde auch noch einmal die Beanspruchung der Organisation diskutiert im Hinblick auf Aufwand und Kapazitäten (Hypothese HP2). Ein integrativer Prozess erfordert über die bereits inhaltlich angestoßenen Projekte weiteres Engagement verbunden mit einer Lernkurve vor allem der Geschäftsführung, der ersten und der zweiten Führungsebene, die die Steuerung und Umsetzung sowohl der inhaltlichen Maßnahmen als auch des Veränderungsprozesses verantworten. Gleichzeitig birgt ein integrativer Prozess (vgl. Thiele & Korpiun 2019a) die Chance auf einen von dem Großteil der Eingebundenen getragenen Prozesses mit einer nachhaltigeren Wirkung und der Möglichkeit, darüber Motivation für den Umsetzungsprozess zu entwickeln trotz der damit einhergehenden Mehrbelastung.

Eine Entzerrung der Maßnahmen auf einen längeren Zeitraum wurde ebenfalls untersucht. In Anbetracht der Tatsache, dass aber wesentliche inhaltliche Veränderungen innerhalb des ersten halben Jahres 2015 umgesetzt werden sollen, bestünde aus der gleichen Logik die Gefahr einer "halbherzigen" Lösung verbunden mit Friktion und Effektivitätsverlust nach erster Einführung.

Die Geschäftsführung möchte diesen Ansatz auch verfolgen, um die gewünschte Befähigung zu erreichen und die Eigenverantwortung für die Gestaltung und Umsetzung auf der zweiten Führungsebene zu stimulieren.

Die folgende Interventionsplanung konzentriert sich zunächst auf die kommenden drei Schritte und ist wie folgt strukturiert:

- Durchführung von Interviews

- Workshop mit der Geschäftsführung

- Zwei Workshops mit dem Führungsteam (Geschäftsführung und Bereichsleiter).

Durchführung von Interviews

Wie oben beschrieben erscheint es wichtig, zu den Perspektiven der Geschäftsführung die der Bereichsleiter hinzuzunehmen. Wir haben gute Erfahrung gemacht mit der Durchführung halbstandardisierter Interviews (vgl. Thiele & Jenke 2019). Auf dieser Basis kann ich aus individuellen Perspektiven verdeutlichen, wo kollektive Sichten bestehen und inwieweit sich zum anderen ein homogenes oder eher heterogenes Gesamtbild im Hinblick auf Wahrnehmung von Symptomen und Ursachen ergibt. Darüber hinaus helfen Interviews, meine Hypothesen zu validieren bzw. anzupassen.

Ungeachtet des konkreten Falls sehe ich grundsätzlich in der Durchführung von Interviews drei prozessunterstützende Faktoren:

- Einbindung in den Beratungsprozess: die Interviewbeteiligten fühlen sich bereits von Anfang an in den Prozess integriert. Wichtig ist dabei, dass es eine verbindliche Rückmeldung zu den Informationen geben muss, um nicht Frustration zu erzeugen. Dies ist bei der Auswahl der Interviewpartner in Abhängigkeit von der Interventionsplanung zu beachten.

- Aufbau von Beziehung und Vertrauen zum Berater: es besteht bereits die Möglichkeit, mich als Berater kennen zu lernen und eine persönliche Beziehung herzustellen. In der Art der Gesprächsführung kann mein Interviewpartner Vertrauen schöpfen zu mir und meiner Rolle im Prozess. Wichtig in diesem Kontext sind Vereinbarungen zu Beginn des Gesprächs. Diese beinhalten für mich:

o   die Zusicherung von Vertraulichkeit: die Interviewergebnisse werden von mir niemals ohne Absprache als Einzelmeinung oder - aussage dargestellt. Stattdessen zeige ich eine konsolidierte Sicht. Ebenfalls sichere ich zu, dass über diese Rückmeldung hinaus keine Informationen an meinen Auftraggeber erfolgen.

o   die Erlaubnis zu Offenheit: ich gebe dem Interviewpartner die Erlaubnis - als Bitte formuliert - so offen zu reden, wie er oder sie es möchte und dass jeder Grad an Offenheit für mich ok ist. Dies führt häufig dazu, dass Widerstand, Frustration und Ängsten Raum gegeben werden kann und damit eine Entlastung stattfindet.

o   die Bitte um Rückmeldung zum Prozess: ich bitte den- bzw. diejenige mir direkte Rückmeldung zu geben für den Fall, dass er oder sie sich unwohl fühlt oder etwas als störend empfindet.

•   Vermittlung von Wertschätzung: durch beide oben genannte Facetten sowie meine eigene Haltung vermittle ich positive Beachtung dem Interviewpartner gegenüber. Sie oder er fühlt sich sowohl von der Tatsache der Einbindung als auch auf der Beziehungsebene damit positiv verstärkt.

Für mich sehe ich somit gleich am Anfang eines Prozesses das in meinem Beratungsverständnis wichtige Modell der 3P (therapeutische Triade) angewandt (s.u. Kapitel 2.4., S. 143 f.). Alle drei Aspekte (Permission, Protection und Potency) führen durch Interviews zu einem signifikanten Abbau von Skepsis bzw. dem Aufbau von Vertrauen in die Beziehung und Zustimmung zu den Inhalten des Prozesses.[4]

In Anbetracht dieser Überlegungen und der oben skizzierten Ausgangssituation sowie der Hypothese HP3 war hier mein Vorschlag, zunächst eineinhalbstündige Einzelinterviews mit den Bereichsleitern durchzuführen. Außerdem wurden noch einmal Einzelinterviews mit den beiden Geschäftsführern vereinbart, um ungeachtet der betonten einheitlichen Sichtweise diese zu überprüfen und ggf. wichtige individuelle Aspekte mit aufzunehmen.

Vielfach nutze ich bei der Auswahl der Interviewpartner Menschen aus der Gesamtorganisation, also aus verschiedenen Bereichen und Hierarchieebenen. Hier habe ich dies bewusst auf den genannten Personenkreis eingeschränkt. Hintergrund ist, dass es für mich in Anbetracht der Komplexität der Situation und meiner Annahme, dass zunächst eine Arbeit im ersten Führungskreis erforderlich ist, nicht absehbar ist, wann eine Rückmeldung an die Interviewpartner erfolgen kann bzw. diese in den Prozess eingebunden werden. Darüber hinaus wäre hier wenig Input zu den inhaltlichen Aspekten zu erwarten.

Aus den Interviewergebnissen erstelle ich dann eine konsolidierte Sicht inklusive modellhafter Reflektion, meist in Form einer Präsentation.

Die Interviews werden persönlich vor Ort an zwei Tagen im Juni 2014 durchgeführt. Auf Basis der Interviews habe ich meine Beobachtungen in einer Präsentation zusammengefasst, um diese dann für den kommenden Workshop mit der Geschäftsführung als Grundlage zu nehmen.

---

[4] siehe dazu auch das Modell der Kräfteanalyse in Veränderungsprozessen von Lewin / Van Kamphaus / Steinert in: Mohr, G. und Steinert, T. (2006), S. 129ff.

Workshop mit der Geschäftsführung

In meinem Verständnis kommt der weitgehenden "Synchronisation" einer Führungsebene vor der Einbindung der darunterliegenden Führungsebene eine hohe Bedeutung zu. Es ist in meiner Erfahrung gerade für einen umfassenderen Veränderungsprozess, der auch signifikante kulturelle Aspekte beinhaltet, schädlich, wenn aus der Führung unterschiedliche Haltungen und Botschaften vermittelt werden. Dabei geht es mir weniger um unterschiedliche Perspektiven zu inhaltlichen Fragen, diese können sehr wohl differenzieren und darüber befruchtend sein in einer gemeinsamen Diskussion mit Anderen. Aber ein gemeinsames Ziel- und Prozessverständnis sowie eine gemeinsam getragene Einstellung zur eigenen Rolle sind für mich wichtige Voraussetzungen für ein gutes Gelingen.

Daher habe ich zunächst einen eintägigen Workshop mit der Geschäftsführung vorgesehen mit den folgenden Inhalten:

- Reflektion der Ergebnisse der Interviews im Hinblick auf die Validierung der Hypothesen und der Bedeutung für den weiteren Prozess

- Diskussion der unternehmerischen Ausrichtung sowie der Rahmenbedingungen für den Veränderungsprozess insbesondere bezogen auf die Erwartungshaltungen der Anteilseigner sowie die Rollenverteilung in der Geschäftsführung

- Vorbereitung des Workshops mit dem Führungskreis.

Entsprechend obiger Ausführung geht es mir hier nicht darum, bereits wesentliche "Inhalte" vor zu diskutieren, sondern das gemeinsame Ziel- und Prozessverständnis abzusichern. Ich adressiere damit vor allem die Hypothesen HI1 und HI2 sowie die Ziele Z1, (Z2), Z5, (Z6) und (Z12).

Der Workshop wird auf Mitte des Jahres terminiert.

Workshops mit dem Führungskreis

Im Nachgang zu dem Workshop mit der Geschäftsführung sind zwei zweitägige Workshops mit dem gesamten Führungskreis vorgesehen. Normalerweise wäre ich zunächst nur von einem Workshop ausgegangen, um die weitere Arbeitsstruktur als Teil des Prozesses mit dem Führungskreis zu erarbeiten. In Anbetracht voller Kalender und dem Wissen um die Notwendigkeit, schnell eine orientierende Basis zu schaffen sowie potentielle Spannungen anzugehen (siehe Hypothesen HI2, HI3, HI5 und HP1 sowie insbesondere den Zielen Z2, Z8, Z9, Z10, Z12 und Z17) habe ich mich entschlossen, bereits zwei Workshops zu terminieren, wobei ich die Interventionsstruktur des zweiten Workshops noch weitgehend offen gehalten habe.

Entsprechend habe ich im ersten zweitägigen Workshop folgende Inhalte vorgesehen:

- Hintergrund, Notwendigkeit, Umfang und Bedeutung des Veränderungsprozesses in der eigenen Organisation

- Reflektion der Ergebnisse der Interviews im Hinblick die wichtigsten Impulse und Bedarfe

    o für die eigene Person

    o für die Gruppe des Führungskreises

    o für die Organisation aus der Rolle als Führungskräfte

- Spaziergang zu zweit

- Arbeit an der kulturellen Ausrichtung der Organisation

- Festlegung Fahrplan & nächste Schritte.

Offene Agenda:

Ich möchte an dieser Stelle kurz auf meine generelle Sicht zu einer Workshopagenda eingehen. Es ist mir bewusst, dass eine Agenda wichtig ist als strukturgebendes und damit sicherheitsstiftendes Element. Entsprechend wird dies kundenseitig auch gefordert. Gleichzeitig empfinde ich eine Agenda als Korsett, dass bei zu enger Festlegung das Eingehen auf die wirklichen Bedürfnisse einschränkt und die Teilnehmer unter einen Erfolgsdruck setzt, der zu Voraussetzungen von Entwicklungsarbeit konträr läuft. Mir ist es daher im Laufe meiner Arbeit immer wichtiger geworden, eine "offene Agenda" zu nutzen, also

- die Zeitstruktur für Anfang, Ende und Mittagspause zu geben, aber ansonsten keine Einzelzeiten im Vorhinein festzulegen

- separat eine inhaltliche Struktur in der Form von "Bullet points" anzugeben, die aber auf einem verhältnismäßig hohe Aggregationsgrad und terminologisch auf Anschlussfähigkeit bedacht sind

Damit habe ich mittlerweile sehr gute Erfahrungen gemacht sowohl für mich in meiner Rolle als auch bei den Teilnehmern mit mehr "gefühlter" Freiheit im Hier und Jetzt zu sein und sich nicht antreiben zu lassen. Im Prozess selber balanciere ich die Zielerreichung mit den Bedürfnissen der Teilnehmer, angemessenen Raum zur Bearbeitung und Reflektion zu haben. Ich erlebe mich und den Prozess damit wirkungsvoller.

Zurückkommend auf die oben angelegte Workshopstruktur geht es mir im ersten Workshop vor allem um Bewusstheit für die Herausforderungen und Möglichkeiten der Gestaltung des Veränderungsprozesses und der Bedeutung für jeden Einzelnen und die Gruppe (Hypothesen HI3, HI5 und HP2 sowie Ziel Z10). Darüber hinaus möchte ich auf dem dringlichen Thema der kulturellen Entwicklung arbeiten, weil dies meines Erachtens maßgeblich tragend für den Gesamtprozess ist (Hypothesen HI2 und HI4 sowie Ziele Z2 und Z17). Ich habe einen Spaziergang in Paaren vorgesehen, um die Möglichkeit von Auseinandersetzung miteinander zu schaffen (Hypothesen HI3 und HP3 sowie Ziel Z8). Zuguterletzt soll ein Fahrplan für die nächsten Schritte gemeinsam erarbeitet werden, der auch die Frage der Kommunikation über den Prozess an die Organisation enthält (Ziele Z3, Z9 und Z18). Wie oben angedeutet wird sich die Struktur des zweiten Workshops aus dem ersten ergeben.

Um noch Raum für Diskussionen auf Gesellschafterebene und in der Geschäftsführung zu gewährleisten, ist der erste Führungskreis-Workshop auf Anfang September und der zweite dann zeitnah auf Ende Oktober gelegt worden.

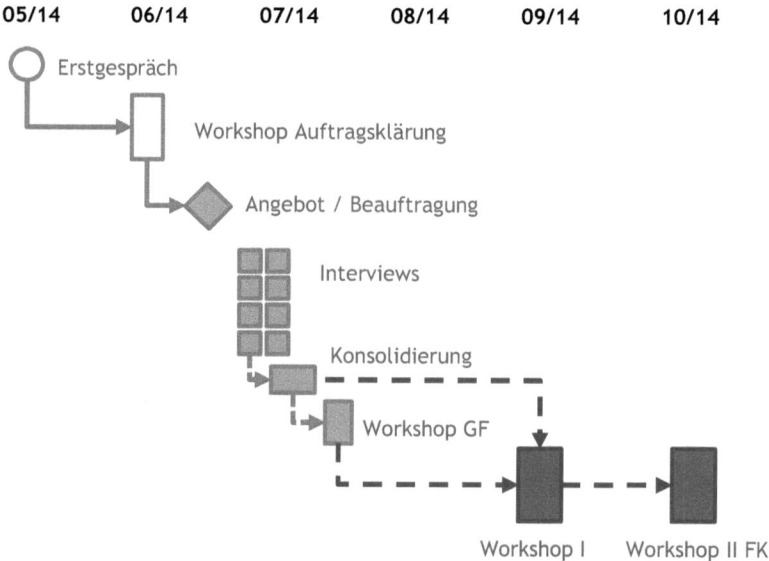

Abbildung 8: Struktur der Auftragsklärung und Interventionsplanung

1.3.4. Besondere Aspekte der Auftragsklärung und Vertragsgestaltung

Die theoretischen Hintergründe zum Vertragsmodell sowie meine Überlegungen dazu sind in Kapitel 2.4. auf den Seiten 144 ff. beschrieben. Der Vertragsarbeit kommt grundsätzlich und insbesondere im hier beschriebenen Fall eine hohe Bedeutung zu, da er sowohl auf administrativer, inhaltlicher und beziehungsorientierter Ebene eine hohe Komplexität besitzt. Umso wichtiger ist mir meine Wahrnehmung der Vertragsorientierung meiner Auftraggeber.

Beide Geschäftsführer haben sich mir als sehr offen und neugierig dargestellt. Insbesondere Herr G. ist sich seiner Rolle als Verantwortlicher für den Gesamtprozess sehr bewusst und ihm ist auch deutlich geworden, dass er mit seinem bisherigen Programm die Organisation nicht mitgenommen, sondern eher überfordert hat. Die daraus resultierende Demotivation und die beobachtbare passive Symptomatik sind gut sicht- und beschreibbar. Ebenso haben die Geschäftsführer die angebotenen Modelle gut reflektieren können im Hinblick auf deren Relevanz für den Gesamtprozess und die Verantwortung von ihnen und ihrer nächsten Führungsebene. Interessant war insbesondere, dass sich u.a. für Herrn G. aus seinen eigenen Äußerungen heraus Bewusstheit entwickelt hat, dass es hier eines signifikanten unterstützenden Kulturentwicklungsprozesses bedarf, um die wirtschaftlichen Ziele zu erreichen. Beide Geschäftsführer haben Ihre eigenen Defizite im Hinblick auf Fähigkeiten und Fertigkeiten im Kontext von Führung und Erfahrung und Methodik im Umgang mit Veränderungen klar benannt.

Die inhaltliche Zielsetzung und die daraus resultierende oben beschriebene Vorgehensweise wurden gemeinsam diskutiert und von beiden Seiten akzeptiert. Dies gilt ebenso für die administrative Abstimmung der Organisation und der budgetären Voraussetzungen.

Aus meiner Sicht waren damit die wesentlichen Voraussetzungen für einen Vertrag gegeben. Die Zielsetzung habe ich im Angebot wie folgt beschrieben:

"Die Geschäftsführung möchte zeitnah einen effektiven Impuls setzen, um einen ganzheitlichen vom Führungskreis getragenen Entwicklungsprozess für die [Firma] anzustoßen. Dabei sollen im Sinne der Fokussierung vor allem die beiden Kernpunkte Redaktion und Verkauf adressiert und zügig mit konkreten Maßnahmen bearbeitet werden. Dabei sollen kurzfristig erste Erfolge sichtbar gemacht werden, um die weiteren Schritte zu tragen.

Gleichzeitig soll das Führungsteam entwickelt und befähigt werden, die aktuellen und auch zukünftigen Entwicklungsprozesse des Unternehmens und der Organisation eigenverantwortlich zu gestalten und zu steuern."

Ansonsten habe ich die zusammenfassende Darstellung in einem Angebot nach obiger Struktur nur im Hinblick auf den Aufwand sowie zusätzliche Kostenbestandteile adjustiert bzw. ergänzt. Das Angebot wurde angenommen und gegengezeichnet.

1.4. Umsetzung

Die Angebotsannahme auf Basis der besprochenen Vorgehensweise ist am 11.06.14 erfolgt. Die Umsetzung erfolgte planungsgemäß (s. Abbildung 8) in folgenden Schritten:

1. Durchführung der Interviews

2. Konsolidierung der Interviewergebnisse

3. Eintägiger Workshop Geschäftsführung

4. Zweitägiger Workshop I Führungskreis

5. Zweitägiger Workshop II Führungskreis

In dieser Logik sind auch die folgenden Kapitel strukturiert. Im ersten Teil erläutere ich die Strukturierung der Interviews. Im zweiten Teil geht es um die Validierung bzw. Anpassung der getroffenen Hypothesen und Ziele sowie der Überprüfung der nächsten Schritte. Im Folgenden stelle ich dann die jeweiligen Workshops dar und gehe dabei besonders auf wichtige Interventionen und deren positiven Veränderungsimpulse ein. Aufgrund der Prozessentwicklung und der zu dem Zeitpunkt eingetretenen Veränderungen werde ich vor dem ersten zweitägigen Workshop mit dem Führungskreis ein Zwischenkapitel einfügen. Aus Gründen des Umfangs füge ich die beiden Workshops in einem Kapitel zusammen und verweise hier nur auf die wesentlichen Inhalte und Interventionen.

1.4.1.Durchführung der Interviews

Die Interviews waren halbstandardisiert im Sinne eines grundsätzlichen Fragenkatalogs, der dem Interviewpartner aber nicht offengelegt wurde. Mir geht es darum, Interviews eher wie ein Gespräch zu führen und mir und dem Teilnehmer analog zu meinen Anmerkungen zur Workshop-Agenda die Freiheit zu lassen, je nach Wendung im Gespräch bestimmten Aspekten mehr Raum zu geben. Gleichzeitig habe ich so die wesentlichen abzufragenden Bereiche und Themen verfügbar. Die Interviews waren wie folgt strukturiert, wobei Einführung und Gesprächsende in dieser Form von mir fix strukturiert sind, der eigentliche Gesprächsteil wie oben angesprochen eher variabel gehalten wurde:

- Einführung

    - Klärung von Vertraulichkeit, Offenheit und Rückmeldeprozess.

- Darstellung der Beauftragungssituation in der Organisation und der nächsten Schritte: dies befriedigt das Grundbedürfnis nach Struktur und gibt damit Sicherheit für die weitere Bearbeitung der Interviewergebnisse.

- Klärung möglicher Fragen zur Beauftragung und dem Interviewprozess.

- Gegenseitige Vorstellung, bei den Teilnehmern insbesondere der Werdegang vor und in der Organisation und ein Verständnis der aktuellen Rolle mit ihren Kompetenzen.

- Interview

  - Einleitende offene Frage aus dem Hintergrund der Beauftragungssituation, z.B. "Wie sehen Sie die Herausforderungen für Ihre Organisation?" oder auch "Womit geht es Ihnen in der aktuellen Situation gut und womit nicht?" Dabei entwickelt sich ein Einstieg in die unter 1.3.1. definierten Ebenen (Seite 16ff).

  - Im Verlauf des Weiteren Gesprächs exploriere ich die genannten Ebenen. Dabei bewege ich mich von der Methodik im Wesentlichen entlang ausgewählter Interventionen von Berne.[5]

  - Des Weiteren "teste" ich auf gleiche Weise die impliziten und expliziten Modelle mit ihren Kernaussagen (s. Kapitel 1.3.2., S. 28 ff.).

---

[5] Vgl. Berne 1966, S. 233; s. Kapitel 2.2., S. 134 ff.

- Eine explizite Frage war: "Bitte nennen Sie Attribute, die die derzeitige Kultur beschreiben."

- Gesprächsende

  - Aussage, dass für mich zunächst alle Fragen beantwortet sind verbunden mit der Wertschätzung für die Zeit und die Offenheit (Grundbedürfnis Zuwendung).

  - Fragen an den Teilnehmer:

    - ob es aus seiner Sicht noch wichtige Aspekte gibt, die wir nicht besprochen haben. Wenn dies der Fall ist, gehen wir darauf noch ein.

    - ob ich den Teilnehmer für den Fall späterer Fragen im Konsolidierungsprozess nochmal kontaktieren kann.

    - ob es noch weitere Fragen an mich gibt. Wenn dies der Fall ist, gehen wir darauf noch ein.

  - Aufgreifen bzw. Wiederholen der nächsten Schritte aus der Einführung (Grundbedürfnis Struktur).

Bezüglich der Interventionen von Berne (theoretische Grundlagen s. Kapitel 2.2., S. 134 ff.) sind im Rahmen des Interviewsettings die Befragung und Spezifikation von größter Relevanz für mich. Aber auch die Konfrontation ist wichtig im Fall von wahrgenommenen Widersprüchen. Nach meiner Erfahrung ist kein spezifischer Vertrag erforderlich im Rahmen eines Interviews, solange das Gespräch aus einer respektvollen Grundhaltung herausgeführt wird und die Konfrontation bei Nicht-Auflösung des Widerspruchs nicht persistent weiter nachgehalten wird. Erklärungen und Illustrationen sind nur dann relevant, wenn es bei einem wichtigen Sachverhalt hilfreich ist, über Modelle und Erfahrungen zu reflektieren, um damit einen weiteren Erkenntnisgewinn zu erzielen. Dies möchte ich anhand von zwei Beispielen aus den Interviews verdeutlichen:

Seq.	BE/IP	Transaktionen	Erläuterung
1	BE	Mit welchen Attributen würden Sie denn die Kultur in Ihrer Organisation beschreiben?	Befragung: offene Frage nach Kulturmerkmalen
2	IP	Na ja, wir gehen zum Beispiel schon so ganz freundlich miteinander um, ne?	Es wird ein Attribut "freundlich" genannt, was für mich in seiner Ausprägung unklar ist.
3	BE	Was bedeutet denn das für Sie, freundlich miteinander umzugehen? Was gibt es dafür Beispiele?	Spezifikation: was ist konkret gemeint?
4	IP	Na ja, höflich, mit guten Umgangsformen. Jemand ausreden lassen, nicht laut werden im Gespräch... keine Kraftausdrücke verwenden. Wir begegnen uns schon auch wertschätzend.	Es tritt zunächst eine Klärung für mich ein, dass "freundlich" primär "höflich" meint. Im Rahmen eines vorherigen Gesprächsteils bin ich aber über den Begriff Wertschätzung irritiert.
5	BE	Als wir vorhin über Ihre konkrete Situation gesprochen haben, haben Sie mir berichtet, dass sie häufig keine Antworten auf Ihre Anfragen bekommen. Sie haben auch erzählt, dass	Konfrontation: Diskrepanz des Begriffes "Wertschätzung" zu vorherigen Beispielen.

Seq.	BE/IP	Transaktionen	Erläuterung
		Sie Kritik meist hinten rum erfahren, statt dass mit Ihnen direkt gesprochen wird. Wie passt das für Sie zum Begriff "Wertschätzung"?	
6	IP	Hmm... stimmt schon. Wir sind hier nicht wirklich wertschätzend. Wir achten auch nicht wirklich darauf, was der Andere will. Ist wohl doch eher so etwas mit Höflichkeit... Manchmal wirkt die auch aufgesetzt.	Höflichkeit wird bestätigt, es wird deutlich, dass der Begriff Wertschätzung im authentischen Sinne wenig stattfindet.

Abbildung 9: Transkript / Interview-Sequenz I

Seq.	BE/IP	Transaktionen	Erläuterung
1	BE	Und wie erleben Sie, wie Sie geführt werden?	Befragung: offene Frage nach Führung
2	IP	Habe ich ja vorhin schon gesagt, das läuft ganz prima, finde ich... ähm... Wenn ich Entscheidungen brauche, bekomme ich die schnell. Das ist echt wichtig für mich, das war früher langsamer.	Eine Facette von Führung wird erläutert. Im Rahmen eines vorherigen Gesprächsteils habe ich eine Wahrnehmung in Erinnerung, die im Widerspruch zu der positiven Konnotation steht.

Seq.	BE/IP	Transaktionen	Erläuterung
3	BE	Aha, das verstehe ich. Ich erinnere mich gleichzeitig, dass Sie vorhin berichtet haben über den Entscheidungsprozess bei einem Kollegen. Da, wo Sie sagten, Sie hätten eingebunden werden müssen und das ist nicht passiert...	Konfrontation mit der vorigen Wahrnehmung zum gleichen Sachverhalt.
4	IP	Ja, ja, richtig. (Pause). Stimmt, das fand ich echt blöd.	Bewusstheit ist entstanden, dass das nicht zusammenpasst.
5	BE	Ihnen ging es ja auch um die Geschwindigkeit von Entscheidungen. Es könnte im Hinblick auf Effektivität und damit auch Geschwindigkeit später in der Umsetzung hilfreich sein, wenn die Personen direkt eingebunden sind, statt dass Irritationen im Nachgang entstehen und in einigen Fällen dann ja auch Entscheidungen wieder kassiert werden mussten	Erklärung: Anbieten einer anderen Sichtweise.
6	IP	Na ja, stimmt schon. Herr G. ist halt immer sehr schnell und das finde ich auch gut, aber wir überholen uns damit schon manchmal rechts. Wär' besser, er wär' auch mal	Bewusstheit ist entstanden, was Effektivität in Entscheidungsprozessen mit dem Führungsverhalten zu tun hat.

Seq.	BE/IP	Transaktionen	Erläuterung
		klar, wen er noch so braucht.	

Abbildung 10: Transkript / Interview-Sequenz II

Die Interviews haben trotz anfänglicher Skepsis in einer offenen und vertrauensvollen Atmosphäre stattgefunden. In meiner Wahrnehmung wurden keine wesentlichen Informationen zurückgehalten und die bereitgestellten Informationen waren für mich weitgehend authentisch im Hinblick auf die subjektive Lebenswelt. Ich habe positiv eine durchgehende konstruktive Haltung wahrgenommen und sah mich mit deutlich weniger Passivität konfrontiert als angenommen. Von allen Teilnehmern habe ich ungefragt am Ende des Gesprächs positive Beachtung für die Durchführung des Gesprächs erhalten. Die Kernerkenntnisse sind (im folgenden Abschnitt differenziert dargestellt):

- die bestehende Unternehmenskultur ist stark geprägt durch das historisch patriarchalische Führungsmodell

- es besteht eine inhaltliche und kulturelle Orientierungslosigkeit und ein Identitätsverlust im Hinblick auf die (Neu-) Ausrichtung der Organisation

- Im Führungsteam (und der Organisation) bestehen erhebliche Dysfunktionalitäten in der Zusammenarbeit

- es besteht eine Diskrepanz des Führungsmodells im Kopf des Geschäftsführers und dem tatsächlich von ihm gelebten.

1.4.2. Konsolidierung der Ergebnisse und Reflektion von Hypothesen und Zielen

Vorausschickend sei erwähnt, dass die zurückgemeldeten Informationen ein weitgehend homogenes Bild gegeben haben. Es gab keine deutlich abweichenden Perspektiven. Ich werte dies dahingehend positiv, dass für mich dadurch ein gemeinsames implizites Verständnis im Führungskreis sichtbar wird. Bezugnehmend auf den letzten Absatz von 1.4.1. habe ich ein überraschend konstruktives Einlassen mit deutlich geringeren Passivitätsphänomenen bei den Mitgliedern des ersten Führungskreises wahrgenommen. Dies habe ich zu Beginn der Präsentation zunächst zurückgemeldet und habe mittels eines Schaubilds die Beobachtungen aus den Interviews strukturiert.

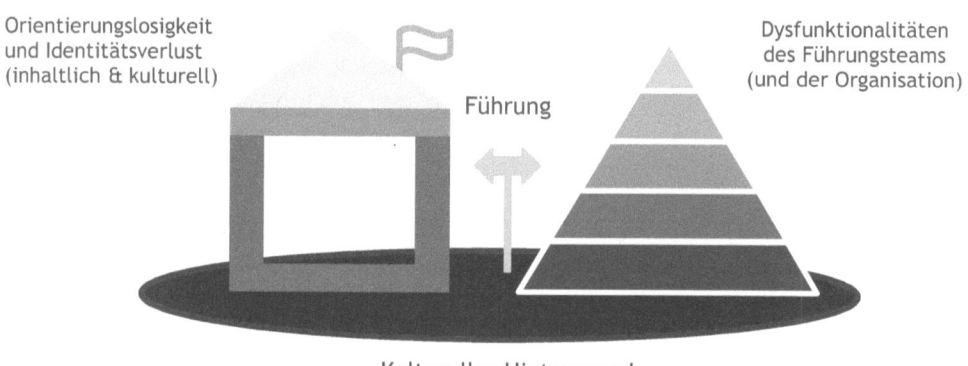

Orientierungslosigkeit und Identitätsverlust (inhaltlich & kulturell)

Führung

Dysfunktionalitäten des Führungsteams (und der Organisation)

Kultureller Hintergrund

Abbildung 11: Präsentationschart zu den Rückmeldungen II

Die 4 Aspekte bin ich in folgender Reihenfolge durchgegangen, um die Beobachtungen aus den Interviews zu konsolidieren:

- kultureller Hintergrund

- Orientierungslosigkeit und Identitätsverlust (Leitbild-Modell)

- Dysfunktionalitäten des Führungsteams (Modell von Lencioni)

- Führung.

<u>Kultureller Hintergrund</u>

Aus den Attributen habe ich eine semantische Wolke erarbeitet, die die Häufigkeit der Nennungen über die Größe symbolisiert und über die Wortdistanz die Nähe einzelner Begriffe verdeutlicht.

Kulturbild

passiv
hilflos
handlungsorientiert
langsam   autark   übergriffig
kontrollierend   unstrukturiert   machtorientiert
angstbesetzt informell   intrigant
konfliktscheu   vorsichtig   innenzentriert
harmoniebedürftig   familiär   unreflektiert
traditionell hierarchiegläubig
höflich   bescheiden
sympathisch
respektvoll
wertschätzend

Abbildung 12: Präsentationschart zu den Rückmeldungen III

67

Die kulturelle Verortung deckt sich weitgehend mit der Sicht der Geschäftsführung. Folgende Aspekte werden hier allerdings noch verstärkt sichtbar:

- die innere Agitation nach Bernes Gruppendynamik

- die passive Form der Gewalt, die sich in übergriffigen, intriganten und machtorientierten Verhaltens- und Kommunikationsmustern zeigt

- das Fehlen von Intimität bzw. einer effektiven Zusammenarbeit(-skultur)

- der Mangel an zugewandter Aufmerksamkeit.

Die durchaus angesprochenen Konflikte zwischen Mitgliedern des Führungsteams scheinen hier ebenfalls durch.

Insgesamt werden die getroffenen Hypothesen und Ziele unterstützt (HI3 und HI4 sowie Z17 bis Z19) und die Relevanz der Kulturarbeit unterstrichen. Die überraschend konstruktive Form der Auseinandersetzung sehe ich als wichtig an für den Umgang mit Hypothese HI3 und insbesondere dem Ziel, die Gruppendynamik im Führungskreis zu klären (Z8).

Orientierungslosigkeit und Identitätsverlust (Leitbild-Modell)

Anhand des von mir entwickelten Leitbild-Modells habe ich den übergreifenden Aspekt der Orientierungslosigkeit verortet (theoretische Grundlagen s. Kapitel 2.5. Seite 162 ff.). Es ermöglicht eine umfassende Orientierung sowohl auf inhaltlicher als auch kultureller Ebene und erlaubt damit auch ein Sinnverständnis, Identifikation und Effektivität.

Bezugnehmend auf die konkrete Situation lassen sich hier die inhaltlich und kulturell relevanten Aspekte von fehlender Orientierung verorten (Hypothesen HI1 und HI2 sowie Ziele Z2-Z3, Z17-19).

Unter Bezugnahme auf die aufgezeigte Verknüpfung mit TA-Modellen wird in dieser Organisation folgendes deutlich:

- die Entwicklung eines Leitbilds wird im Führungskreis kohäsive Kräfte freisetzen, die die notwendige gemeinsame Ausrichtung des Führungsteams unterstützen (siehe auch Z9).

  - das Leitbild hilft, der Verunsicherung zur Befriedigung von Grundbedürfnissen entgegenzuwirken. Neben der Orientierungsrolle wird dadurch auch der Motivationsbezug deutlich.

<u>Dysfunktionalitäten des Führungsteams</u>

In dieser Situation habe ich das Modell zur Reflektion gewählt (theoretische Grundlagen s.u. Kapitel 2.6. auf Seite 171 ff.), weil:

- die Rückmeldungen der Teilnehmer aus den Interviews dazu sehr homogen waren

- die Dynamiken in der Gruppe der Führungskräfte ebenso zu verorten sind wie - nach deren Schilderung - in der Gesamtorganisation.

Entsprechend habe ich die mir von den Interviewpartnern genannten Symptome wie folgt strukturiert dargestellt.

Hohe Innenzentrierung / Verlust der Marktsicht
Selbst gesetzte Ziele
Kaum Steuerungsinstrumente
Ziele immer wieder über den Haufen geworfen

Unaufm. für
die Ergebnisse

Gefälle von Über- und Unterverantwortung
Delegation nach oben statt nach unten
Bedenkenträgertum
Absicherungsmentalität

Abwendung von
Verantwortung

schwaches Eskalations- und Sanktionsmanagement
Defizite in der Verbindlichkeit der Umsetzung
kaum Konfrontation von Nicht- oder Schlechtleistung
Geringe Einbindung relevanter Kollegen

Mangel an Engagement
/ Verbindlichkeit

Konflikte werden vermieden
Sachliche Kritik = persönlicher Angriff
1:1 Auseinandersetzungen
keine offene Konfrontation

Angst vor Konflikten

Wissen / Information ist Macht
„Buddy"-tum / Seilschaften
Positionierungs- und Profilierungskämpfe
Übereinander statt miteinander reden

Fehlendes Vertrauen

Abbildung 13: Beschriebene Symptome aus den Interviews entlang der Ebenen von Dysfunktionalitäten

Dabei wird sichtbar, dass bereits auf der untersten Ebene signifikante Dysfunktionalitäten deutlich werden, die eine Bearbeitung von dieser Ebene, nämlich Vertrauensarbeit) nach oben erfordern. Dies spiegelt sich vor allem in Hypothese HI3 wider und des damit verbundenen Ziels Z8.

<u>Führung</u>

Der Aspekt von Führung bzw. Führungsverständnis ist in besonderem Maße durch die Interviewergebnisse akzentuiert worden, bedingt durch die Hinzunahme der Perspektive der Bereichsleiter als Führende und geführt werdende.

Modellseitig habe ich hier die folgende Darstellung entwickelt in Bezug zum Gruppenstrukturmodell von Berne:

- Ein zentriertes Führungsverständnis zeichnet sich dadurch aus, dass die Führungskraft als Zentralstelle im Team in primär bilateralen Beziehungen mit den Mitgliedern des Teams steht. Entsprechend sind die Kommunikations- und Entscheidungsprozesse strukturiert. In der Darstellung der Gruppenstruktur würde dies feste bzw. starre Nebengrenzlinien bedeuten - sowohl zwischen den funktional verantwortlichen Führungskräften als auch den Abteilungen.

- Ein dissoziiertes Führungsverständnis bedeutet, dass die Führungskraft eher als Beobachter des Teams fungiert mit reduzierter Beziehungstendenz zu den Mitgliedern bzw. ein entsprechend hohes Maß an Distanz wahrt. In der Gruppenstrukturdarstellung verstehe ich dies als eine manifeste innere Hauptgrenzlinie, die Führung sehr deutlich von Mitarbeitern abgrenzt.

- In einem assoziierten Führungsmodell versteht sich die Führungskraft als Teil des Teams und steht sowohl in bilateralen als auch in multilateralen Beziehungen und Kommunikation zu den Mitarbeitern, ohne dabei seine Rolle als Führungskraft aufzugeben. In der Darstellung der Gruppenstruktur würde ich dies als gestrichelte bzw. dünne Nebengrenzlinien aufzeigen, die innere Hauptgrenzlinie bleibt erhalten.

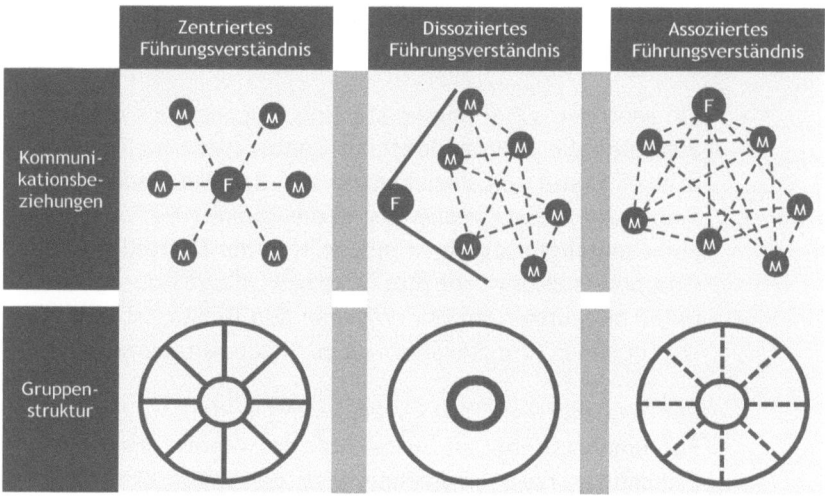

Abbildung 14: Verschiedene Führungsverständnisse (eigene Darstellung)

Aus den Interviews wurde deutlich, dass das patriarchalische System nach wie vor greift und ein eher zentriertes Führungsverständnis gelebt wird. Dabei stellt sich die Frage, inwieweit dies der Geschäftsführung wirklich bewusst ist oder inwieweit auf teil- bzw. unbewusster Ebene eine Instrumentalisierung von Führung stattfindet. Was mir berichtet wurde sind etliche Fälle, wo Bereichsleiter Kommunikation und vor allem Entscheidungsprozesse mit Herrn G. durch direkte Ansprache klären, auch wenn mehr als der eigene Verantwortungsbereich davon betroffen ist. Offensichtlich werden von Herrn G. dann auch schnell Entscheidungen ohne alle relevanten Beteiligten getroffen. Dies wiederum wird vielfach nicht an alle kommuniziert, teilweise sogar von den Bereichsleitern "triumphierend" an die Kollegen weitergegeben. Die Hypothese HI4 bzw. das Ziel Z12 wird hier gespiegelt, bedarf aber weiterer Klärung.

Weiterhin wurde mir deutlich, dass durch ein eher diffuses Verständnis des Konflikts zwischen den Anteilseignern eine Projektion dieses Konflikts auf die Geschäftsführer stattfindet, zumal diese ja als jeweilige "Systemvertreter" interpretiert werden. Mir wurde mehr von Konflikten zwischen den Geschäftsführern berichtet als von Beispielen positiven Zusammenwirkens bzw. wenn diese berichtet wurden, dann eher mit abwertender Tendenz auf der Bedeutungsebene. Dies widerspricht der Darstellung der Geschäftsführer bzgl. ihrer Einigkeit, stützt aber die Hypothese HI1, dass sich der Konflikt auf Anteilseignerebene in die Organisation trägt.

Ebenfalls wurde mir entgegen der Aussage von Herrn M., dass grundsätzlich allen Bereichsleitern bekannt sei, dass er bald das Unternehmen verlassen würde, dies so nicht widergespiegelt. Stattdessen gab es dazu sehr unterschiedliche Aussagen in Hinblick auf den Zeitpunkt oder gar das Vermeiden einer Antwort. Auch die Trennung von Redaktion und operativem Geschäft wird unterschiedlich wahrgenommen im Hinblick auf die Entscheidungsbefugnisse und -prozesse innerhalb der Geschäftsführung. Hier wird deutlich unterstrichen, wie wichtig eine Klärung innerhalb der Geschäftsführung ist. (Hypothese HI2 sowie Ziele Z4 und Z5).

Zusammenfassung der Interviewergebnisse im Hinblick auf Hypothesen und Ziele

Aus den Interviewergebnissen lassen sich folgende Aussagen im Hinblick auf die getroffenen Hypothesen (s. Kapitel 1.3.3., S. 40 f.) treffen.

Nr.	Evaluierung der Hypothesen
HI 1	bestätigt, hohe Relevanz (Kontext Leitbild und Führung)
HI 2	bestätigt, hohe Relevanz (Kontext Leitbild und Führung)

HI 3	unterschiedliche Auffassungen zu Notwendigkeit, Art der Durchführung sowie des eigenen Beitrags sind nicht explizit deutlich geworden und rühren vermutlich eher aus der Unsicherheit über einen solchen Prozess.
	Die Notwendigkeit der Konfliktklärung sowie der gemeinsamen Ausrichtung wurden grundsätzlich bestätigt (Kontext Kultur und Dysfunktionalitäten), sind aber primär mit dem Führungssystem verknüpft. Entgegen der ursprünglichen Annahme ist eine generell konstruktive Grundhaltung aller Teilnehmer sichtbar.
HI 4	bestätigt (Kontext Kultur und Führung), bedarf aber einer weiteren Reflexion mit der Geschäftsführung, da hier Wahrnehmungsunterschiede sichtbar werden
HI 5	ich sehe dies nach wie vor als bestätigt an, auch wenn dies so nicht explizit formuliert wurde in den Interviews. Hierzu bedarf es noch einmal einer kollektiven Reflexion auf dem ersten Führungskreis-Workshop
HP 1	alle Prozesshypothesen sehe ich nach wie vor als bestätigt an, auch wenn sie eher implizit ableitbar sind aus den Interviews. Es gab keine Äußerungen, die diese Hypothesen widerlegt hätten.
HP 2	
HP 3	

Abbildung 15: Neuformulierung Hypothese aus vormals HI 3 und HI 4

Zusammenfassend lässt sich im Hinblick auf Kerninterventionen festhalten:

- die Konflikte auf Anteilseignerebene sind zu lösen, um den Rahmen für den Veränderungsprozess zu geben

- auf dieser Basis wird eine inhaltliche und kulturelle Orientierung vom Führungskreis erarbeitet inklusive eines einheitlichen Führungsverständnisses

- im Rahmen dieser Erarbeitung werden die bestehenden Konflikte im Führungskreis adressiert

- in meiner Prozessgestaltung achte ich auf Bewusstheit im Hinblick auf eine Überlastungssituation und gebe positive Zuwendung und Beachtung.

Die definierten Ziele (s. Kapitel 1.3.3., S. 40) halte ich nach wie vor für richtig bzw. sind in Ihrer Priorität durch die Interviews bestätigt worden.

Zeitnah nach der Konsolidierung erfolgte der Workshop mit der Geschäftsführung. Hier möchte ich auf Basis der Interviewergebnisse und meiner Analyse sowie anhand konkreter Modelle Bewusstheit schaffen für die derzeit bestehende Situation. Darauf aufbauend möchte ich ein gemeinsames Verständnis für den Gesamtprozess und die weiteren Interventionen erarbeiten.

1.4.3. Workshop mit der Geschäftsführung

Ich habe anhand der Präsentation die Ergebnisse meiner Beobachtungen aus den Interviews in der gezeigten Form vorgestellt. Gemeinsam wurden die verschiedenen Aspekte diskutiert und in Teilen mit Beispielen hinterlegt. Auch auf das in der Auftragsklärung gezeigte Modell der Kompetenzkurve wurde noch einmal eingegangen.

<u>Kultur</u>

Der beschriebene Kulturraum wurde sehr homogen von den Interviewpartnern wiedergegeben und weist damit eine hohe Konsistenz auf. Die einzelnen Aspekte waren für die Geschäftsführer nachvollziehbar. Das daraus entstehende Bild wurde als sehr bedenklich eingestuft vor dem Hintergrund der Veränderungsnotwendigkeit. Trotz grundsätzlichem Wissen darüber ist hier noch weitere Bewusstheit entstanden. Entsprechend ist das Thema Werte und Zusammenarbeit im Führungsteam in seiner hohen Relevanz bestätigt worden.

Kompetenzkurve

Es wurde in der Diskussion klarer, dass die Geschäftsführung in der Durchdringung des Veränderungsbedarfs und -prozesses deutlich weiter ist als die erste Führungsebene. Über meine Wahrnehmung der konstruktiven Auseinandersetzung haben wir intensiv diskutiert, dies ist auch positiv von den Geschäftsführern aufgenommen worden. Es besteht allerdings nach wie vor die Sicht, dass die einzelnen Mitglieder dieser Ebene sich in sehr unterschiedlichen Stadien von Widerstand über Frust bis zu Akzeptanz befinden und dass dies vermutlich dann sichtbar wird, wenn konkrete Veränderungen eintreten, z.B. mit dem Re-launch des Printmediums oder den Restrukturierungsaspekten. Im Sinne eines effektiven Prozesses wird das gemeinsame Tragen und Steuern des Veränderungsprozesses durch das Führungsteam als unerlässlich angesehen, entsprechend besteht die Notwendigkeit einer Synchronisation der Geschäftsführung mit allen Mitgliedern der ersten Führungsebene.

Leitbild

Die Breite der Orientierungslosigkeit von Inhalten bis zu Kultur ist den Geschäftsführern noch einmal deutlich geworden und es wurde der explizite Wunsch geäußert, den "Rohbau" des Leitbildes bis Jahresende fertig zu stellen. Die Problematik des inhaltlichen Zielkonflikts auf Anteilseignerebene ist intensiv diskutiert worden und die Geschäftsführung hat sich zum Ziel gesetzt, bis zum Workshop mit dem Führungsteam eine grundsätzliche Klärung herbeizuführen.

Dysfunktionalitäten

Die Geschäftsführer können die genannten Inhalte gut nachvollziehen und sehen, dass die unteren Ebenen Vertrauen und Konfliktfähigkeit primär zu adressieren sind. In der Frage der Adressierung haben wir besprochen, dass dies zum einen implizit geschieht durch die jetzt initiierten Workshops mit dem Führungsteam zur gemeinsamen Arbeit und Mitgestaltung des Unternehmens.[6] Weiterhin ergibt sich die Notwendigkeit, den Leitbildprozess mit dem Bereich Werte und Philosophie zu beginnen. Im Rahmen weiterer Interventionen scheint es sinnvoll, das Thema Rückmeldeprozess und Feedback strukturiert zu lernen und zu üben.

Führung

Zur gelebten Führung durch die Geschäftsführung gibt es die intensivste Diskussion und meines Erachtens ist diese Reflektion auch die signifikanteste Intervention an dieser Stelle im Prozess.

Ich habe bewusst erst nur das Chart mit den drei Führungsverständnissen gezeigt und erläutert. Ich habe dann die beiden Geschäftsführer gebeten, eine Einschätzung abzugeben, wo Sie sich ihrerseits befinden. Beide haben mit großer Eindeutigkeit das assoziierte Modell gewählt, auch wenn Herr M. einschränkend bemerkt hat, dass dies früher anders gewesen sei. Es schloss sich die folgende Interaktion an. Sie beginnt nach meiner Darstellung von Rückmeldungen aus den Interviews zum Führungserfahrungen mit der Geschäftsführung.

---

[6] Aus meiner Erfahrung ist die beste Teamentwicklung das gemeinsame konstruktive und effektive Arbeiten an Themen, die alle gleichermaßen betreffen. Outdoor-Teamspiele sowie Teamevents sind zur Festigung der Beziehungen hilfreiche Elemente und können auch im Sinn von Zuwendung Event-Charakter haben. Meines Erachtens ist dies aber nicht hinreichend, um Vertrauen aufzubauen, da dies maßgeblich in der täglichen Arbeit geschieht

Seq.	BE/G./M.	Transaktionen	Erläuterung
1	BE	Sie haben ja beide das assoziierte Führungsmodell als ihr Modell bezeichnet. Wie passt das aus Ihrer Sicht zu den Rückmeldungen?	Konfrontation (wobei sich diese im Zuhören der Beispiele bereits in der Körpersprache bzw. der Mimik gezeigt hat)
2	G.	(Pause) Ich bin geschockt. (Pause)	Diskrepanz zwischen dem eigenen Modell im Kopf und Verhaltensaspekten wird deutlich. Getrübte ER-Sicht, kindliche Anteile.
3	BE	Warum sind Sie schockiert?	Stimulierung ER
4	G.	Weil ich das nicht verstehe, wo das herkommt. Ich bin total freundlich, hab eine offene Tür, bin ansprechbar und kenne die Kollegen auch gut. Ich dachte, wir haben 'ne gute Beziehung miteinander...	Sichtbarkeit eines inneren Dialogs zwischen dem eigenen EL-Anspruch und dem Nicht-genügen aus K. Keine ER-Auseinandersetzung.
5	BE	Ich habe den Eindruck, Sie sind da persönlich berührt.	Ansprache der kindlichen Verletztheit aus dem ER
6	G.	(Pause). Ja, irgendwie schon. Ich bin irgendwie verletzt.	ER-Auseinandersetzung mit dem Gefühl von Trauer.
7	BE	Ist Ihnen bei den Beispielen aufgefallen, dass sich diese nicht auf Beziehungsgestaltung beziehen?	Stimulierung ER mittels Erklärung Differenzierung vom dem, was er gehört hat (Beziehung) zu dem

Seq.	BE/G./M.	Transaktionen	Erläuterung
			was in den Beispielen genannt wurde (Entscheidungsfindung)
8	G.	Hmm...	Wird noch nicht angenommen
9	BE	Eine Führungskraft zum Beispiel hat angemerkt, dass in seiner Beobachtung nur wenig Austausch mit den Kollegen besteht, sondern primär mit Ihnen. Eine andere hat geschildert, dass sie am besten direkt zu Ihnen geht, wenn sie eine Entscheidung braucht. Eine weitere hat mir berichtet von zwei Situationen, wo sie erst nach einer Entscheidung von Ihnen durch eine Kollegin über eine wichtige Implikation für sie in Kenntnis gesetzt wurde.	Wiederholung der Beispiele, weitere ER-Stimulation durch Illustration
10	G.	(Pause)... ja, ja, das stimmt schon. Ich fühl mich manchmal ganz erdrückt, wenn die alle zu mir kommen und was wollen.... Ich bin froh, wenn ich die Sachen vom Tisch kriege und entscheide dann auch oft spontan...(Pause).. Ich glaub	Wahrnehmung der Gefühle, die mit dem eigentlichen Thema zusammenhängen, Rückgriff auf inneren Dialog, aber mit reflexiver Bewusstheit der Zusammenhänge. Zum Ende Rechtfertigung aus EL.

Seq.	BE/G./M.	Transaktionen	Erläuterung
		auch nicht, dass die falsch sind.	
11	BE	Die Entscheidungen meinen Sie?	Stimulation ER mit Befragung mit dem Ziel der Differenzierung von Inhalt der Entscheidung und Art der Entscheidungsfindung.
12	G.	Ja, genau. (Pause)... ich schau auch nicht unbedingt, ob das jetzt entschieden werden muss, schon. Ich mach das einfach. (Pause) Ich geh einfach davon aus, dass die das schon einschätzen können, wenn sie zu mir kommen. Die wissen ja, was ich von Ihnen erwarte, dass sie die Dinge selber regeln. (Pause, kurzes Lachen) Nein, das wissen sie wohl nicht"	Reflektion aus dem ER in genannte Differenzierung. Reflektion der EL-Annahme und eigenes "Stolpern" über die EL-Trübung des ER.
13	M.	Glaub ich auch nicht ehrlich gesagt. Ich seh das schon auch so mit den Beispielen. Ich hab' damit nicht so ein Thema, weil bei mir eh nur die Chefredakteure aufschlagen.	Bestätigung durch anderen Geschäftsführer.

Abbildung 16: Transkript / Workshop Geschäftsführung

Im weiteren Gespräch wurde für beide klar, dass sie entgegen dem eigenen Bild im Kopf das bisherige Führungsmodell weiterführen. Herr G. hat sich vorgenommen, bewusster damit umzugehen, "Einladungen" zu schnellen Entscheidungen anzunehmen und stattdessen, im Falle von übergreifenden Themen, dies mit den entsprechenden Beteiligten gemeinsam zu thematisieren.

Dies hat uns direkt zum nächsten Diskussionspunkt gebracht, der fehlenden Klarheit in der derzeitigen und vor allem zukünftigen Rolle der beiden Geschäftsführer, die offensichtlich ebenfalls zur Instrumentalisierung beiträgt. Hier war nun Herr M. verblüfft, dass die Bereichsleiter auf meine Frage zur Zukunft von Herrn M. nicht die gleiche Antwort gegeben haben wie Herr M. selber. In der Wahrnehmung von Herrn M. war der Status - wenn zwar auch nicht verbindlich mit Datum versehen - von ihm klar kommuniziert worden. Hier wiederum äußerte sich Herr G., dass er die Diffusion zum Teil verstehen könne, weil auch er unterschiedliche Botschaften empfängt.

Beide Geschäftsführer sehen die Notwendigkeit, Klarheit herzustellen und dies im Klärungsprozess mit den Gesellschaftern zu verbinden. Die Frage nach der Neubesetzung mit einem zweiten Geschäftsführer bedarf ebenfalls der Klärung mit den Gesellschaftern. Beide haben diskutiert, dass die "Vermischung" von inhaltlicher Ausrichtung und der Projektion von "Systemvertretern" sehr hinderlich ist und vermutlich auch nicht ohne Weiteres ausgeräumt werden kann, was eher zu einer frühzeitigeren Trennung führen könnte.

Aus meiner Konfrontation und Erklärung hat durch die Reflexion des Führungsmodells bei den Geschäftsführern eine Enttrübung aus dem Eltern-Ich stattgefunden, insbesondere bei Herrn G. Seine Annahme, schnelle Entscheidungen zu treffen und sich damit dynamisch zu verhalten, wäre für sich genommen eine gute manageriale Qualität, hat aber zu einer Abwertung der Realität auf der Existenz- und Bedeutungsebene geführt. Vermutlich liegt hier auch eine Retter-Disposition vor, dies ist zu diesem Zeitpunkt aber nicht per se belegbar. Unterstützt wird das Verhalten meines Erachtens eher vom Antreiber "Beeil Dich!", der sich beispielsweise auch zeigt in der Initiierung von zu vielen Projekten. Zusammengenommen führt dies dazu, dass er ein anderes Führungsverhalten an den Tag gelegt hat, als er selber für sich beansprucht. Im Sinne von Autonomie hat sich Bewusstheit über diese Realität entwickelt. Bemerkenswert ist hier das hohe Reflexionsvermögen von Herrn G., der sehr schnell in der Lage ist, eine andere Perspektive einzunehmen und auch die Spontaneität, für sich eine andere Entscheidung zu treffen. Ich habe dies nicht als weiteres Antreiberverhalten im Sinne von "Beeil Dich!" wahrgenommen. Eine Veränderung seines Führungsverhaltens in der intendierten Form würde meines Erachtens maßgeblich auf persönlicher Ebene eine Verbesserung bringen und gleichzeitig im Sinne eines neuen Führungsverständnisses gegen das patriarchalische System von Über- und Unterverantwortung vorbildhaft wirksam werden.

Zum Schluss wurde kurz über die Agenda des kommenden Workshops gesprochen, die wie geplant durchgeführt werden soll. Der Leitbild-Fokus auf das Thema Werte und Kultur ist noch einmal bestätigt worden.

Noch vor der Durchführung des Workshops mit dem Führungskreis hat es zwischenzeitlich einige Klärungen gegeben, die für den Gesamtprozess relevant sind und die ich daher im folgenden Abschnitt mit aufführe.

1.4.4. Klärungen vor dem ersten Workshop mit dem Führungskreis

Etwa zwei Wochen vor dem Workshop Anfang September habe ich mich auf Wunsch von Herrn G. mit ihm getroffen. Er berichtete mir von folgender Entwicklung:

- es gibt eine finale Klärung mit den Gesellschaftern auf der Ebene der Unternehmensausrichtung. Beide Gesellschafter haben der Geschäftsführung in der Ausgestaltung eines eigenen Weges weitgehenden Freiraum gegeben. Gemeinsame Rahmenbedingungen (z.B. Nutzung einer Zentralredaktion, Budget für die Entwicklung oder Akquisition neuer Geschäftsfelder etc.) sind einvernehmlich festgelegt worden.

- in diesem Zusammenhang hat es auch eine Klärung gegeben, dass Herr M. in Einvernehmen zum Ende des Jahres in den Ruhestand geht und es keine Nachbesetzung gibt.

- damit ist entschieden worden, dass Herr G. mit sofortiger Wirkung die Verantwortung für die Redaktion bekommt.

- Herr M. hat entschieden, an den gemeinsamen Workshops nicht mehr teilzunehmen, weil er Herrn G. vollen Gestaltungsspielraum lassen möchte.

Weiterhin hat Herr G. berichtet, dass er seine Vereinbarung mit sich beherzigt und bei an ihn bilateral herangetragenen Entscheidungswünschen prüfe, ob

- er diese Entscheidung wirklich selber treffen muss

- er alle Informationen hat, die er benötigt

- weitere Personen einzubinden sind.

Er hat direkt nach dem Workshop in der Verlagskonferenz erläutert, welche Erkenntnis er hinsichtlich seiner Führung gewonnen hat und die Veränderung angekündigt. Er selber verspürt zwei wesentliche Aspekte:

- eine deutliche Entlastung, da er viel weniger Gespräche mit seinen Führungskräften hat als vorher

- eine bessere Stimmung im Führungskreis, und dass erste gemeinsame Entscheidungsvorlagen an ihn gerichtet werden.

Herr G. ist sehr zufrieden, dass sich insbesondere durch die gemeinsame Reflektion auf dem Geschäftsführungs-Workshop diese Führungsprobleme auf eine konstruktive Art und Weise gelöst haben, auch in der Interaktion mit Herrn M.

Damit sind die Ziele Z1, Z4 und Z5 erreicht.

1.4.5. Die Workshops mit dem Führungskreis

Wie oben angedeutet möchte ich die Erläuterungen zu den beiden Workshops zusammenfassend betrachten, weil sie inhaltlich eine Einheit bilden und mit einem konkreten Ergebnis enden - auch im Hinblick auf die weitere Vorgehensweise. Strukturell waren die Workshops wie folgt aufgebaut.

Abbildung 17: Übersicht der Workshopstruktur

Die formulierten Ziele der beiden Workshops waren

- Rückmeldungen aus den Interviews und Schlussfolgerungen

- klarer, geäußerter Wunsch der Gruppe, die Veränderung anzugehen

- Festlegung und Priorisierung der zu adressierenden Themen im Veränderungsprozess

- erstes gemeinsam entwickeltes Verständnis zur kulturellen Werten

- definierter, gemeinsam erarbeiteter Fahrplan des weiteren Vorgehens.

Ich habe bewusst darauf geachtet, die Erwartungen an das, was in den vier Tagen bearbeitet werden kann nicht zu hoch zu setzen aus zwei Gründen:

- als Gegenpunkt zu der potentiellen Überforderungssituation

- aus Unklarheit darüber, was es auf Gruppenebene braucht zur Lösung der Konfliktsituation.

Da ich die gleichen theoretischen Modelle genutzt habe, möchte ich mich auf die Erläuterung der wichtigsten Interventionen und deren prozessuale Wirkung fokussieren.

1. Einführung, Erwartungshaltung und Agenda

Herr G. stellt aus seiner Sicht dar, wie er die Situation aus der gemeinsamen Vorarbeit für sich wahrnimmt. Dabei ist er auf die Kernaspekte Orientierungslosigkeit, Dynamik im ersten Führungskreis und sein eigenes Führungsverhalten eingegangen.

In der Abfrage der Erwartungshaltungen wurde vor allem adressiert "gemeinsames Verständnis und mehr Verständnis für den Anderen", "eine gemeinsame Vorstellung, wo wir hinwollen.", " näher zusammenrücken", "lernen, im miteinander freundlich und in der Sache kritisch miteinander umzugehen". Ich habe die Erwartungshaltung als stark aus dem ER-Ich wahrgenommen, was die konstruktive Grundstimmung bestätigt hat. Es gab vor allem keine skeptisch-kritischen Äußerungen.

2. Vorstellung und Reflektion der Interviewergebnisse

Ich habe in gleicher Weise wie im Workshop mit der Geschäftsführung die Interviewergebnisse präsentiert. Dies dient im Wesentlichen als Plattform zur Herstellung einer von Allen geteilten Bewusstheit über die Kernaspekte der weiterführenden Arbeit. Damit ist es zum einen ein Stück kollektiver Vertragsarbeit und zum zweiten eine Stimulation der Bewusstheit für und Übernahme von Verantwortung des Einzelnen und der Gruppe, den anstehenden Veränderungsprozess zu gestalten.

Nach meiner Präsentation gab es direkt im Anschluss vor allem die folgenden Reflexions- und Diskussionspunkte:

- Ich hatte vor der Präsentation die Kompetenzkurve erläutert mit der Bitte, sich selbst dort zu verorten. Nach der Präsentation wurde das Bild noch einmal diskutiert.

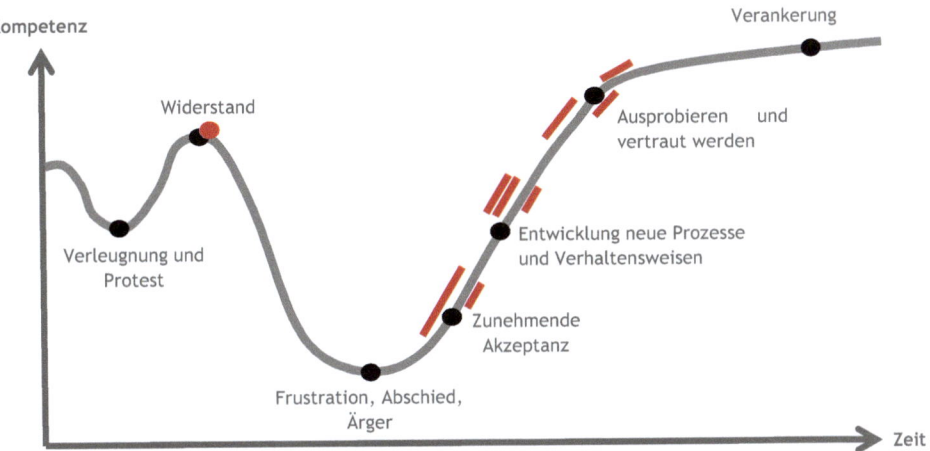

Abbildung 18: Abbildung der Kompetenzkurve aus dem ersten Workshop mit Verortung der Teilnehmer(rot)

Fast alle Teilnehmer haben sich in den Phasen Akzeptanz, Entwicklung und Ausprobieren positioniert. Herr G. hat noch einmal seine Sicht geschildert, dass er die Bereichsleiter individuell unterschiedlich eher zwischen Widerstand und Akzeptanz sieht, zumal der tatsächliche Umfang und das Gesamtbild der Veränderung noch keinem wirklich vertraut ist. Dann kam es zu folgender Interaktion mit Frau I. und Herrn B.

Seq.	BE / G. /G./B.	Transaktionen	Erläuterung
1	BE	Das bedeutet, Sie sehen sich fast alle bereits in der Akzeptanzphase für den anstehenden Veränderungsprozess.	Zusammenfassende Spiegelung des bisherigen Diskussionsergebnisses. Anstoß zur Reflexion möglicher Diskrepanzen (meine eigene Wahrnehmung ist eine andere, ich möchte diese aber nicht vorgeben).
2	I.	Ja, eigentlich schon. Wenn ich an mein Team denke, reden wir da schon ewig drüber. Wir freuen uns eher, dass es jetzt los geht.	Existenzebene und insbesondere Bedeutungsebene des unternehmerischen Veränderungsprozesses wird abgewertet (Basis: bisheriges bilaterales Führungsmodell mit starker Abgrenzung der Nebengrenzlinien).
3	G.	Na ja, aber jetzt geht es eben auch erst los, dann stehen wir doch noch am Anfang.	Intervention des Geschäftsführers: Konfrontation der Diskrepanz "wir sind gut unterwegs" und "es geht "los".
4	I.	Aber wir wissen, doch schon in etwa, was wir machen sollen und haben Themen angestoßen.	Erneute Abwertung der Bedeutungsebene.

5	G.	Und was weißt Du darüber, was in der Chefredaktion gerade diskutiert wird? Und was bei der IT?	Erneute Konfrontation bzw. Erklärung von Beispielen zur Verdeutlichung der Diskrepanz.
6	I.	Weniger.	Erste, aber noch abgewertete, Bewusstheit.
7	G.	Ja, aber darum geht es doch jetzt. Wir wollen ja nicht mehr nur darüber reden, was wer wo macht. Sondern wie wir das gemeinsam für die ganze Organisation gestalten wollen.	Erneute Erklärung und Illustration mit Rückbezug auf den vorher diskutierten Wechsel im Führungsmodell.
8	B.	Die Diskussion zeigt doch, dass wir unsere Rolle in Bezug auf die unternehmerische Gestaltung in keiner Weise angenommen haben bzw. erst jetzt der Punkt gekommen ist, wo wir ernsthaft gefragt werden, mitzumachen. Das muss ich erst mal verinnerlichen.	Aufgreifen der Bedeutungsebene von einem anderen Teilnehmer. Verdeutlichung, dass dies selber für ihn ein Erkenntnisgewinn bedeutet. (ER)
9	BE	Was bedeutet das denn für Sie in Bezug auf die Veränderungskurve.	Aufgreifen des ER-Impulses und Verstärkung zur Klärung der Bedeutungsebene.
10	B.	Wir sind nicht wirklich da, wo wir denken. Wir haben die Tragweite noch gar nicht begriffen.	Bedeutungsebene wird erkannt und thematisiert.

Abbildung 19: Transkript I / Workshop Führungskreis

In der Diskussion wurde deutlich, dass die eigene Verortung eher auf die individuelle Ebene im Rahmen des eigenen Verantwortungsbereichs zielt, was die Diskrepanz in der Wahrnehmung zwischen Herrn G. und dem Team erklärt.

Herr G. hat dann in einer weiteren wichtigen Sequenz folgendes geäußert:

Seq.	BE / G.	Transaktionen	Erläuterung
1	BE	Was ist für Sie denn jetzt aus der geführten Diskussion sichtbar geworden?	Ziel ist Transparenz herzustellen, wie sich die genannten unterschiedlichen Wahrnehmungen zusammenführen lassen.
2	G.	Na ja, zunächst mal, dass wir mehr Klarheit darüber haben, dass wir eher am Anfang stehen, selbst wenn wir schon einiges angestoßen haben.	Bestätigung der Erkenntnis von vorhin.
3	BE	Und in Bezug auf die unterschiedlichen Wahrnehmungen der Teilnehmer?	Aufgreifen meines Ziels.
4	G.	(Pause) Es hat einen Abgleich gegeben von meinem inneren Bild - ihr habt diese Rolle und seid passiv - und Ihrer und Eurer Wahrnehmung, diese Rolle gar nicht angetragen bekommen zu haben	Adressieren der Wahrnehmungsdiskrepanz in Abhängigkeit seines Führungsmodells.
5	BE	Meinen Sie, dass Ihren Mitarbeitern gar nicht klar war, welche Erwartungshaltung Sie	Spezifizierung

Seq.	BE / G.	Transaktionen	Erläuterung
		an deren Rolle im Veränderungsprozess haben?	
6	G.	Ja, genau. Ich habe immer gedacht, dass sei irgendwie klar und merke jetzt, dass es nicht so ist.	Bewusstheit über eigenen Beitrag zur Situation.

Abbildung 20: Transkript / Workshop Führungskreis II

Mit der geführten Diskussion ist bereits kollektiv ein wichtiger Schritt in Richtung Bewusstheit entstanden.

- im Rahmen der Phasenverschiebung wurde über die Frage diskutiert, warum trotz fortlaufender Kommunikation bei den Mitarbeitern die Bewusstheit über Dringlichkeit und Umfang noch nicht umfassend angekommen ist. Ich habe darauf verwiesen, dass die Information zwar kognitiv verstanden wird, ein wirkliches "verstehen" aber erst gelingt, wenn den Mitarbeitern Raum für einen Auseinandersetzungsprozess gegeben wird, in dem sie die Bedeutung für sich analog dieser Veranstaltung reflektieren. Dadurch ist mehr Verständnis für die differenzierte Rolle der Führungskraft nach den einzelnen Phasen von Veränderung entstanden.

Im Anschluss haben die Teilnehmer in drei gemischten Kleingruppen an folgenden Fragen gearbeitet:

1. Was sind die wichtigsten Impulse

    a. für mich persönlich

       b.   für die Organisation aus unserer Rolle als Führungskräfte.

2.   Sind wir als Gruppe bereit, uns auf eine ernsthafte Auseinandersetzung mit dem Veränderungsprozess einzulassen und was brauchen wir dafür?

Die erste Frage zielte darauf, aus verschiedenen Perspektiven auf den Veränderungsprozess und die damit verbundenen Bedarfe einzugehen. Die zweite Frage zielt vertiefend darauf, eine bewusste Entscheidung zu treffen, sich auf diesen Prozess einzulassen und gleichzeitig zu definieren, was dafür erforderlich ist. Damit möchte ich nach Möglichkeit eine Rückmeldung aus dem angepassten Kind vermeiden.

Bei der Vorstellung der Ergebnisse ist für alle Teilnehmer deutlich geworden, dass es ein sehr homogenes Bild der Gruppen im Hinblick auf die wesentlichen Impulse besteht. Ich habe die Zusammenhänge in der folgenden Darstellung konsolidiert.

Zusammenfassung der Reflektion

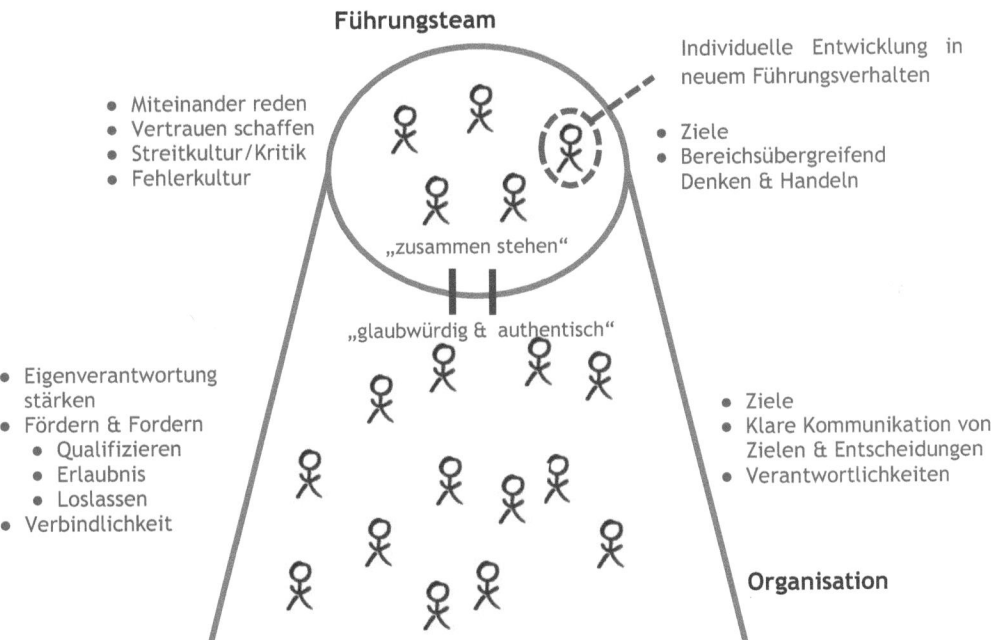

Abbildung 21: Erarbeitetes Bild aus dem Workshop zu den Kernthemen des Veränderungsprozesses

Wichtig hier war die Erkenntnis aus allen Gruppen, dass es auch einer individuellen Entwicklung eines jeden Einzelnen bedarf. Dabei wurde meine Hypothese HI5 noch einmal bestätigt, da alle Teilnehmer die Notwendigkeit der eigenen Befähigung sehen.

Die zweite Frage wurde von allen Gruppen mit einem klaren Ja beantwortet. Als Voraussetzungen wurden genannt:

- wir brauchen das Verständnis aller dafür, dass Kritik sachlich und nicht persönlich zu nehmen / zu geben ist.

- Klares Führungsverständnis

- Definierte Ziele, an denen sich alle ausrichten

- Klare Verantwortlichkeiten.

In meiner Wahrnehmung war dieses Kommitment nicht aus einer angepassten Haltung formuliert, gleichwohl ist das durch die Gruppenkonstellation nicht eindeutig auf die individuelle Ebene übertragbar.

3. Kulturveränderung

Wir sind dann in den Aspekt der Kulturveränderung eingestiegen. Folgende Schritte habe ich dafür gewählt.

(In kursiver Schrift habe ich Aspekte vermerkt, die ich bewusst angelegt habe, um die Konflikte und Lagerbildung im Team sicht- und bearbeitbar zu machen. Ich komme unter 4. darauf wieder zurück.)

- Relevanz von Werten: Ich habe einen Impulsvortrag gehalten zur Relevanz von Werten auf individueller und organisatorischer Ebene. Werte im organisatorischen Kontext sind in meiner Definition Vorstellungen, die als Maßstab von Denken und Handeln als wünschenswert erachtet werden. Sie geben Orientierung und dienen als Grundlage für konkrete Handlungsgrundsätze nach denen jeder Mitarbeiter arbeitet.

- Verabschiedung von der alten Welt und Wege öffnen für das Neue: Kleingruppenarbeit zu folgenden Fragen

  - Tauschen Sie positive und negative "kulturelle Beispiele" miteinander aus (nicht dokumentieren)

  - Was von der bestehenden Kultur wollen Sie hinter sich lassen? Wovon wollen Sie sich bewusst verabschieden?

  - Was ist Ihnen wertvoll für die Zukunft? Was wollen Sie sich bewahren?

  - Was wollen Sie verändern / neu entwickeln?

Diese Übung dient dazu, Bewusstheit zu entwickeln für die aktuelle Situation in der Kultur sowie eine Balance zwischen Wertschätzung dessen, was zu bewahren ist, und Perspektive dessen, was es zu entwickeln gilt. Außer in außergewöhnlichen Situationen halte ich es für wichtig, beide Aspekte in ein neu definiertes Kultur- und Werteverständnis zu integrieren, weil sich sonst eine Unausgewogenheit entwickelt, die eine erfolgreiche Veränderung unwahrscheinlich macht. Darüber hinaus entsteht so Klarheit darüber, was an positiven Ressourcen genutzt werden kann, welche Kulturaspekte wichtig sind im Kontext der anstehenden organisatorischen Herausforderungen. Ein weiterer wichtiger Aspekt ist das Verabschieden von nicht gewollten Aspekten. Mit all diesen Aspekten möchte ich das ER-Ich mit Energie besetzen.

Die erste Frage habe ich insbesondere auch gewählt, um den Teilnehmern in der geschützten Kleingruppe die Möglichkeit zu geben, anhand von Beispielen ihre Verletztheit aus früheren Aktivitäten mit anderer Teilnehmern anzusprechen, so dass damit ein erster Beitrag zur Konfliktlösung entsteht.

- Persönliche Werte: Die Teilnehmer haben sich im Plenum persönlich vorgestellt und Auskunft gegeben über die

Werte, die ihnen individuell wichtig sind. Die in dieser Vorstellung betonten Werte wurden auf Karten gesammelt und gruppiert.

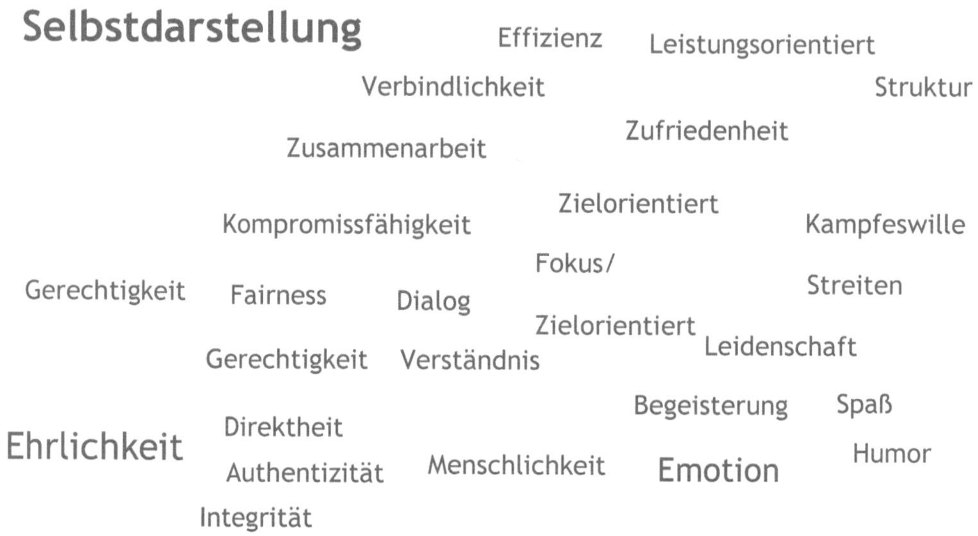

Selbstdarstellung

Effizienz   Leistungsorientiert

Verbindlichkeit   Struktur

Zusammenarbeit   Zufriedenheit

Kompromissfähigkeit   Zielorientiert   Kampfeswille

Fokus/

Gerechtigkeit   Fairness   Dialog   Zielorientiert   Streiten

Gerechtigkeit   Verständnis   Leidenschaft

Begeisterung   Spaß

Ehrlichkeit
Direktheit

Authentizität   Menschlichkeit   Emotion   Humor

Integrität

Abbildung 22: Abbildung aus dem Workshop I / Werte aus der Selbstvorstellung der Teilnehmer

Es ist in meinem Verständnis wichtig, dass die Wertebildung für eine Organisation als eine von mehreren Inputgrößen auch die individuellen Werte der Menschen beinhaltet, die diese Werte und Kultur in der Organisation prägen und vorleben sollen. Dies bedeutet auch, dass sich eine gemeinsame Identität einer Gruppe am besten erreichen lässt durch eine Annäherung und Abstimmung der individuellen Wertvorstellungen eines jeden einzelnen aus der Gruppe des Führungsteams, wie durch das nachfolgende Bild visualisiert wird.

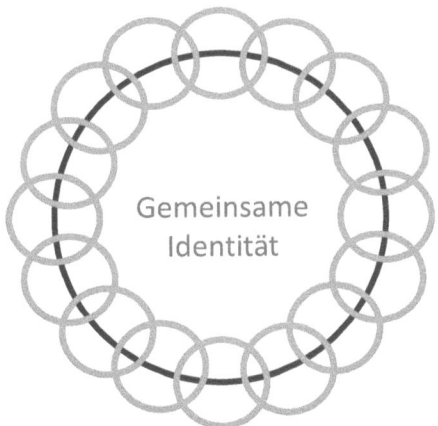

Abbildung 23: Zusammenhang von individueller und gemeinsamer Identität (eigene Darstellung)

Auf der Ebene des Teams wird Intimität geschaffen, da die individuellen Werte zum einen etwas sehr Persönliches sind, was offengelegt wird. Zum anderen lernen die Teilnehmer etwas darüber, was dem Anderen wichtig ist und worauf in der Beziehung mehr oder weniger zu achten ist. Dies sehe ich als Beitrag, mehr Nähe herzustellen.

- Wertekanon: Auf Basis eines Arbeitsblattes mit 60 Begriffen haben die Teilnehmer individuell und spontan die drei ausgesucht, die sie für die Entwicklung der Organisation als am Wichtigsten erachten. Dazu notieren sie, warum sie sich für diesen Wert entschieden haben. Dies wird der Gruppe vorgestellt und miteinander ausgetauscht. Im Anschluss hat jeder Teilnehmer drei Klebepunkte, um nach der Gesamtvorstellung noch einmal seine drei Favoriten zu benennen.

Diese Übung habe ich gewählt, um in Summe drei Eingangsperspektiven für die Wertediskussion zu haben:

- o aus der bestehenden Kultur der Organisation (Adressierung der Nebengrenzlinien)

- o aus der Perspektive der Führung (Adressierung der inneren Hauptgrenzlinie)

- o aus der Organisationsperspektive im Hinblick auf die zukünftige unternehmerische Ausrichtung (Adressierung der äußeren Hauptgrenzlinie).

Abbildung 24: Abbildung Workshop I / Ergebnis der Werte aus der unternehme-rischen Perspektive

99

- Konsolidierung: Auf Basis all der erarbeiteten Eingangsgrö-
ßen hat es dann einen intensiven Diskussionsprozess in der
Gruppe gegeben an deren Ende vier definierte Werte stan-
den. Besonders wichtig bei dieser etwa zweistündigen Diskussion war der Austausch darüber, was einzelne Teilnehmer unter den jeweiligen Werten verstehen.

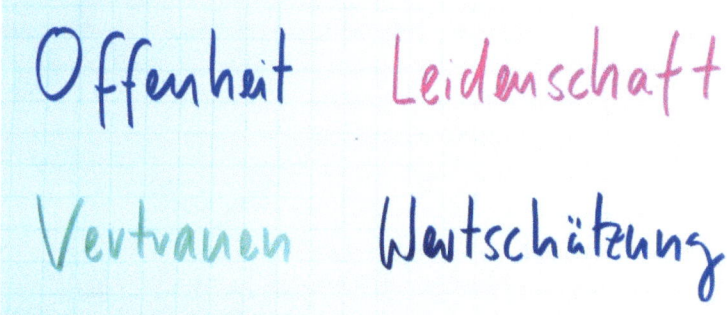

Abbildung 25: Foto Workshop I / die 4 definierten Werte

- Ausprägung der Werte (Philosophie): Kleingruppenarbeit
an der Interpretation der Werte mit dem Ziel, verhaltensbezogene Unterpunkte zu den Werten zu definieren, die
gewünschtes Verhalten in der Kultur beschreiben. Auch
hier ergab sich ein weitgehend homogenes Bild, das dann
in gemeinsamer Auseinandersetzung auf finale Aspekte
konsolidiert wurde.

Ich habe die Frage an die Gruppe gestellt, was aus der Sicht der
Teilnehmer die wichtigste Maxime für die Gruppe selber sei und
jeden gebeten, dies auf eine Karte zu schreiben. Sechs der acht
Teilnehmer hatten den gleichen Aspekt **"Wir reden miteinander
statt übereinander".** Die Gruppe hat sich verpflichtet, diese Verhaltensvereinbarung ab sofort in besonderer Weise zu beachten
und dies auf dem nächsten Workshop zu reflektieren.

4. Adressierung der Gruppendynamik

Die folgenden Interventionen habe ich angelegt, um am ersten Tag eine Entlastung der Konfliktsituation und ein Zusammenwachsen zu aktivieren:

- Positive und negative Beispiele zur aktuellen Kultur (s.o.).

- Darstellung der persönlichen Werte (s.o.).

- Ein Spaziergang vor dem gemeinsamen Abendessen am ersten Tag: Ich habe die Teilnehmer aufgefordert, mit einem anderen Teilnehmer zu gehen, mit dem sie wenig Berührungspunkte haben oder Spannungen bestehen. Die Themenwahl habe ich frei gelassen, verbunden mit dem Vorschlag, zumindest die Hälfte der Zeit nicht über die Arbeit zu sprechen. Hintergrund dieser Intervention ist der erforderliche Vertrauensaufbau über Beziehungsvertiefung und die Möglichkeit, bestehende bzw. potentielle Konflikte in einem weitgehend geschützten Rahmen anzusprechen. Über den Tag hat sich durch die gemeinsame Arbeit und Auseinandersetzung miteinander eine gute Basis entwickelt. Darüber hinaus bestünde die Möglichkeit, am darauffolgenden gemeinsamen Abend Beziehung entsprechend zu vertiefen. Am nächsten Morgen wurde in der Morgenrunde die Erfahrung als sehr positiv zurückgemeldet, etliche Aspekte hätten sich "in Luft aufgelöst". Verbunden damit hat die Gruppe die Bitte geäußert, dies auch im zweiten Workshop zu integrieren.

- Ich habe an beiden Tagen viel in Kleingruppenarbeit strukturiert und darauf geachtet, dass die Teilnehmer sich immer wieder neu mischen. Damit wollte ich die Kontakt- und Dialogpunkte vielfältig gestalten, um Beziehungsentwicklung zu unterstützen. Gleichzeitig bietet die Klein-gruppen einen geschützteren Rahmen und hilft beim Ver-trauensaufbau.

- Die wertebasierte Verhaltensvereinbarung war aus meiner Sicht ein wichtiger Ankerpunkt am Ende des Workshops.

- Unterstützend habe ich über den gesamten Workshop be-wusst mit Zuwendung gearbeitet und immer wieder auf As-pekte hingewiesen, die als Ressourcen vorhanden sind, z.B. die für alle überraschende Homogenität der Gruppen-ergebnisse. Meine persönlich größte Überraschung war er-neut die konstruktive Grundhaltung, die auf der Inhalts-ebene zu durchaus intensiven, aber fast immer respektvollen Auseinandersetzungen im "Ringen" um die gute Lösung geführt hat. Ich habe die Gruppe viel effekti-ver wahrgenommen als erwartet. Dies habe ich in den Workshops immer wieder zurückgemeldet, was weitge-hend ohne Abwertung angenommen wurde.

5. Nächste Schritte und Rückmeldungen

In der Frage nach der Struktur des zweiten Workshops haben die Teilnehmer einvernehmlich zurückgemeldet, dass sie sehr über-rascht seien, wie weit sie gekommen sind, und dass sie die Leitbild-Arbeit gerne fortsetzen möchten. Damit wurden folgende Inhalte für den kommenden Workshop vereinbart

- die Verhaltensvereinbarung zu reflektieren

- die Wertearbeit zu finalisieren

- die Verankerung der Werte in der Organisation zu bespre-chen

- die inhaltliche Ausrichtung (Mission / Vision / Ziele) zu be-arbeiten und

- einen Fahrplan für den weiteren Entwicklungsprozess zu definieren.

Ich habe die Teilnehmer zum Schluss gebeten, Rückmeldungen zu den beiden Tagen und ihren Erwartungen zu geben. Beispielhaft wurde gesagt:

- "wir sind enger zusammengerückt und haben mehr Kontakt zueinander"

- "Danke an das Team für die Offenheit und Einblicke, die entgegengebracht wurde"

- "erstaunt, was wir erreicht haben und über die hohe Übereinstimmung"

- "freue mich auf das Miteinander"

- "Verhalten von Anderen ist besser einzuordnen, Unverständnis und Ungeduld lassen nach"

- "gutes Ergebnis, kein bla bla"

- "es hat Energie gekostet und gebracht"

- "jeder nimmt diesen Prozess ernst und hat sich eingelassen"

Als Zwischenfazit habe ich folgendes festgestellt:

- die konstruktive Grundhaltung und Reflexionsfähigkeit der Teilnehmer waren nach den Interviews so nicht unbedingt zu erwarten gewesen

- durch die zwischenzeitlich erfolgten Klärungen auf der Gesellschafterebene war der Rahmen und die Erlaubnis für
die Leitbilderarbeitung gegeben

- es hat sich an vielen Stellen eine Bewusstheit über derzeitige kulturelle und Führungsmuster entwickelt sowie die
Bereitschaft, diese zielgerichtet zu verändern

- inhaltlich ist, begleitet von intensiven Diskussionen, effektiv ein gutes Ergebnis erarbeitet worden. Dies benötigt in
vergleichbaren Situationen eher länger.

Entsprechend dieses Ergebnisses konnte ich wie vereinbart **den folgenden Workshop** mit dem Führungskreis strukturieren.

6. Reflektion der Verhaltensvereinbarung

Die Teilnehmer haben in Kleingruppen positive und negative Beispiele und damit auch den Status des Einhaltens der getroffenen
Verhaltensvereinbarung reflektiert. Alle Gruppen meldeten zurück, dass sie einen guten Schritt vorangekommen sind. Gleichzeitig wurde herausgearbeitet, dass "Handwerkszeug" wichtig sei, um
Rückmeldungen konstruktiver zu geben und zu nehmen. Ich habe
daraufhin mit der Gruppe vereinbart, sie auf einem zu planenden
zukünftigen Workshop mit dem Modell von Feedback vertraut zu
machen und dies gemeinsam zu üben.

Ich sehe, dass die Gruppe bereits zeitnah ausreichend OK-OK-Hal-
tung miteinander lebt, um darauf aufsetzend Feedback einzufüh-
ren. Gleichzeitig nehme ich an, dass nach positiver Klärung erster
eher oberflächlicher Themen tiefer sitzende Konflikte an die Ober-
fläche kommen können, vor allem in der konkreten Umsetzungsar-
beit. Von daher halte ich es für wichtig, Feedback auf Basis des

Modells der Grundhaltungen möglichst frühzeitig als Modell zu verankern, um zum einen präventiv zu arbeiten und in konkreten Situationen immer wieder auf die Methodik zurückgreifen zu können.

7. Leitbild

Herr G. ist zunächst noch einmal auf die Rahmenbedingungen der Gesellschafter und die Freiheitsgrade, den eigenen Weg darin zu gestalten, eingegangen. Von der Gruppe wurde die Tatsache der Klärung noch einmal deutlich positiv an Herrn G. zurückgemeldet.

Auf dieser Basis haben die Teilnehmer gemeinsam über die zwei Tage in Kleingruppenarbeit und Plenumsdiskussion erfolgreich an den weiteren Aspekten des Leitbilds gearbeitet:

- Finalisierung der Wertearbeit

- Mission

- Vision

- Strategie.

Der Prozess ist analog der Wertearbeit sehr konstruktiv gewesen, begleitet von intensiven inhaltlichen Auseinandersetzungen im Rahmen der zukünftigen Ausrichtung. Es ist zum Schluss gelungen, die wesentlichen inhaltlichen Projekte den strategischen Pfaden zuzuordnen, so dass sich damit ein geschlossenes Bild ergeben hat.

In Bezug auf die Gruppendynamik gab es eine bedeutsame Diskussion ausgehend von einer Kleingruppenarbeit zur Vision, aus der erneut ein hohes Maß an Übereinstimmung sichtbar wurde. Herr G. berichtete von einem Besuch in der Geschäftsführung des anteilseignenden Medienhauses. Dort wurde ihm in einem ganz anderen Kontext zurückgemeldet, wie einheitlich und konsistent das

Bild des Verlags sei, das von den Führungskräften im Arbeitskontakt vermittelt würde. Ich habe dies noch einmal aufgegriffen und in Verbindung gesetzt mit der Homogenität der Rückmeldungen. Bei allen Unstimmigkeiten scheint als Ressource ein implizites Selbstverständnis vorhanden zu sein, auf dessen Basis gut gearbeitet werden kann.

Es ist aus meiner Sicht bemerkenswert, dass in vier Tagen das Leitbild-Gerüst bzw. der "Rohbau" steht. Dies gilt es zu würdigen unter Berücksichtigung der zunächst eher nicht so positiven Annahmen über die Entwicklung der Zusammenarbeit im Führungskreis.

8.   Adressierung der Gruppendynamik / II

Auch bei diesem Workshop wurde analog 6. ein Spaziergang, diesmal in anderen Paarkonstellationen, vorgenommen. Weiterführend zum ersten Workshop war eine größere Vertrautheit im Umgang miteinander deutlich spürbar.

Darüber hinaus gab es die wichtige Diskussion zu den eigenen Ressourcen aus dem Leitbildprozess (siehe oben).

9.   Nächste Schritte und Rückmeldungen

Es wurde gemeinsam besprochen, wie das Leitbild in die Organisation kommuniziert werden soll und vereinbart, eine Kommunikationsveranstaltung für alle Mitarbeiter noch im Dezember durchzuführen. Darüber hinaus sollte ebenfalls im Dezember ein zweitägiger Workshop zusammen mit der zweiten Führungsebene stattfinden, um eine differenziertere Auseinandersetzung mit dem Leitbild zu ermöglichen und im Austausch mit dem ersten Führungskreis ebenfalls ein gemeinsames Verständnis hierzu zu entwickeln. Interessant war dazu, dass es aufgrund fehlender Organigramme spontan nicht möglich war, die Mitglieder der zweiten Führungsebene zu benennen.

Zum Schluss habe ich die Teilnehmer darum gebeten, Rückmeldung zum Workshop und den gewonnenen Erkenntnissen zu geben. Beispielhaft wurde gesagt:

- "deutlich mehr Bewusstheit, was auf uns zukommt. Ich spüre Respekt und Demut und gleichzeitig Freude, weil es das so noch nicht gegeben hat"

- "gut strukturierter Prozess der Erarbeitung"

- "stabileres Bauchgefühl: wir haben einen Plan und ein Ziel, die Wolke hat sich "konkretisiert, das gibt uns Orientierung"

- "sehr positives Gefühl und Sicherheit durch die Begleitung"

- "Visionsdiskussion war anstrengend aber gut und wichtig: wir müssen noch lernen, diese Art der Diskussion effektiv zu führen"

- "ich bin zuversichtlich, weil ich das Gefühl mitnehme, als Team weiter zusammengewachsen zu sein. Wir packen das."

- "Themen sind konkret und verbindlich geworden. Dabei wurde mir nichts aufgedrückt, sondern wir haben das gemeinsam aus der Taufe gehoben."

1.4.6. Reflektion von Zielen, Hypothesen und Modellen

Bei der Reflektion der Ziele / Ergebnisse der Workshops wird deutlich, dass alle kurzfristig angelegten Ziele (s. Kapitel 1.3.3., S. 40) vollständig oder in Teilen erreicht wurden. Es haben sich aus den ersten Interventionen keine wesentlichen neuen Zielsetzungen ergeben.

Aufgrund der konstruktiven Art der Arbeit wurde sogar das vollständige Leitbild erarbeitet, anstatt nur die kulturellen Werte. Auch in der Zusammenarbeit hat ein signifikanter Entwicklungsschritt stattgefunden.

Z1: Zielkonflikt mit den Gesellschaftern ist geklärt und Akzeptanz des eigenen Weges ist abgesichert.	*K*	erreicht
Z2: Ein Leitbild ist entwickelt als Orientierung sowohl auf inhaltlicher als auch kultureller Ebene.	K	erreicht
Z3: Das Leitbild ist in der Organisation verankert.	L	⇨ Folgeinterventionen
Z4: Ein Prozess und eine Rollenverteilung ist definiert zur Entwicklung neuer Geschäftsfelder.	*K-M*	Noch offen
Z5: Es ist klar, wann Herr M. die Organisation verlässt und ob ein zweiter Geschäftsführer neu bestellt wird oder nicht.	*K*	erreicht
Z6: GF: Bewusstheit ist da für Veränderungsprozesse und die damit verbundene Führungsrolle.	K-M	Weitgehende Erkenntnisse ⇨ Folgeinterventionen

Z7: Die Geschäftsführer sind in ihrer Rolle befähigt.	L	
Z8: Die Konflikte zwischen Einzelpersonen und die Systemdynamik innerhalb des Führungskreises und zur Geschäftsführung sind offengelegt und geklärt.	K-M	Erste Klärungen stattgefunden ⇨ Folgeinterventionen
Z9: Es besteht eine gemeinsame explizite Ausrichtung des Führungsteams (inkl. Geschäftsführung) in die Organisation.	K-M	Erste Erkenntnisse ⇨ Folgeinterventionen
Z10: BL: Bewusstheit ist da für Veränderungsprozesse und die damit verbundene Führungsrolle. Z11: Die Bereichsleiter sind in ihrer Rolle befähigt.	K-M L	Erste Erkenntnisse ⇨ Folgeinterventionen
Z12: Es ist ein gemeinsames Führungsverständnis und Führungsmodell entwickelt und dokumentiert.	K-M	Grundlagen erarbeitet ⇨ Folgeinterventionen
Z13: Alle Führungspersonen sind in unternehmerischen Fähigkeiten und Menschenführung geschult.	L	offen

Z14: Es werden regelmäßig die wichtigsten Kennzahlen bereichsübergreifend dem Führungskreis zur Kenntnis gegeben.	*K*	offen
Z15: Es werden den Mitarbeitern regelmäßig Unternehmenskennzahlen mitgeteilt.	*K*	offen
Z16: Organigramme und Stellenbeschreibungen sind erstellt.	*K-M*	In Arbeit
Z17: Es besteht Klarheit über die gewünschte / notwendige kulturelle Ausrichtung. ↓	K	erreicht
Z18: Es sind Maßnahmen, zur Verankerung der Kultur verabschiedet und kommuniziert. ↓	K-M	⇨ Folgeinterventionen
Z19: Die angestrebte Kultur wird weitgehend gelebt.	L	

Abbildung 26: Reflektion der Interventionsziele

Ebenfalls haben sich die <u>Hypothesen</u> im Wesentlichen bewahrheitet, wobei sich eine Schwerpunktsetzung zeigt. Da ich auf die Hypothesenvalidierung bereits unter 1.4.2. (S. 66 in diesem Buch) eingegangen bin, hier nur ein paar kurze Anmerkungen:

Nr.	Evaluierung der Hypothesen
HI 1	Die Klärung auf Anteilseignerebene hat den Raum und Rahmen geschaffen für die Klärung der organisatorischen Ausrichtung. Ohne diese Entscheidung wären die Arbeit und vor allem das Ergebnis so nicht möglich gewesen.
HI 2	Es besteht weitgehende Orientierung im Führungskreis, die zweite Ebene und die Mitarbeiter sind nun adäquat einzubinden. Es hat sich gezeigt, dass der Art und Intensität der Einbindung der zweiten Führungsebene eine große Relevanz zukommt. Zum einen liegt dort maßgeblich die Umsetzungsverantwortung und zum zweiten liegt meines Erachtens der Schlüssel zum Erfolg in der bisher nicht bestehenden Vernetzung auf Peer-Ebene.
HI 3N	Die Konflikte im Führungskreis sind vielfach adressiert und in Teilen geklärt. Ich gehe davon aus, dass es im Rahmen einer intensiven und stressbetonten Umsetzung zu weiterer Klärungsbedarfen kommt. Das Team selber hat bestätigt, dass hierfür Methoden und Fähigkeiten benötigt werden. Das gemeinsame Führungsverständnis ist gewachsen, die einheitliche Ausrichtung hat signifikant zugenommen. An der neuen kulturellen Prägung muss mittel- bis langfristig gearbeitet werden.
HI 5	Erste Erkenntnisse sind sichtbar, die Befähigung erfolgt langfristig auf allen Führungsebenen.
HP 1	Aus jetziger Sicht ist absehbar, dass es früher als von mir angenommen bereits nach 3-4 Monaten zu einer Übergabe der Strukturierungsverantwortung an den Führungskreis kommen kann.
HP 2	Die Überforderungssituation ist zu adressieren und im Hinblick auf die Bedeutung mit dem Führungskreis zu klären.
HP 3	Der Hunger nach Zuwendung ist sichtbar und weiterhin wichtig für meine Prozessbegleitung.

Abbildung 27: Reflektion der Hypothesen

Bezugnehmend auf die in Kapitel 1.3.2. aufgezeigten Modelle (s. S. 28 ff.) lassen sich folgende Rückschlüsse ziehen:

Autonomiemodell

Ich bin positiv überrascht von der kurzfristig zu beobachtenden Veränderungen im Kontext von Bewusstheit und Zusammenarbeitskultur. Im Führungskreis ist deutlich mehr Klarheit entstanden. Auch in der Zusammenarbeit hat sich gruppenseitig eine deutliche Verbesserung gezeigt. Dies ist auf die Gesamtorganisation nicht ohne weiteres übertragbar. Ich habe aber die Hypothese, dass sich die für mich überraschend positive konstruktive Haltung auch auf Mitarbeiterebene einstellt als Ressource für den weiteren Prozess. Vor allem Herr G. überrascht mich durch sein hohes Reflexionsvermögen und seine individuelle Fähigkeit, Dinge anders zu sehen, zu denken und dann auch kurzfristig umzusetzen. Dies wirkt vorbildhaft positiv verstärkend auf die Gesamtgruppe und potentiell auch für die Organisation.

Grundbedürfnisse

Die organisatorischen und inhaltlich relevanten Strukturen sind in Klärung bzw. werden aufgebaut; das wird den Entwicklungsprozess absichern. Eine Überforderungssituation wird bleiben, aber sie kann bewusst eingegangen werden im Hinblick auf die Auseinandersetzung mit der Bedeutungsebene und dem Abwägen von Vor- und Nachteilen. Zuwendung ist in den definierten Werten maßgeblich verankert (Offenheit, Wertschätzung, Vertrauen) und kann darüber die Verunsicherung durch die Veränderung des fürsorglichen Teils des patriarchalischen Systems reduzieren. Entsprechend sehe ich die Grundbedürfnisse soweit gut adressiert, um Motivation über den Prozess aufrecht zu erhalten und ggf. sogar zu steigern.

Gruppenkräfte

Die angelegte Arbeit wirkt deutlich kohäsiv im Führungskreis. Diese Kohäsion ist sowohl vorbildhaft als Rollenmodell (Sichtbarkeit wichtig für die weitere konkrete Interventionsplanung) als auch inhaltlich wichtig für die weiteren Schritte. Meines Erachtens besteht eine gute Chance und gleichzeitig die Notwendigkeit, kurzfristig diese inneren kohäsiven Kräfte zu stärken, um die inhaltliche Neuausrichtung und den damit verbundenen Auseinandersetzungsprozess mit der Umwelt erfolgreich zu gestalten.

Kompetenzkurve

Nach meiner Einschätzung gibt es durch die Arbeit an der Ausrichtung eine gemeinsame Akzeptanz der Situation im Führungskreis (Phase 4). In Teilen ist man bereits bei der Entwicklung neuer Fähigkeiten (Phase 5). Die Arbeit mit der zweiten Führungsebene und den Mitarbeitern ist zeitnah erforderlich, um schnell einen ganzheitlichen Prozess anzustoßen. Dies bedeutet für den Führungskreis vor allem, immer wieder die entsprechenden Botschaften in die Organisation zu kommunizieren.

Passivität

Analog zu meinen Ausführungen zur Autonomie habe ich zunächst im Führungskreis mehr konstruktive Anteile erlebt als angenommen. Die Arbeit war maßgeblich von konstruktiven Auseinandersetzungen in der Sache geprägt, wirkliche passive Verhaltensweisen waren nur eingeschränkt sichtbar. Wenn dieses Phänomen auch weiter zu beobachten ist, legt das für mich den Schluss nahe, dass es in erster Linie eine Frage von Erlaubnis ist, die gegeben werden muss im Hinblick auf eigenes Denken und Handeln . Dies wäre entsprechend aus Führungsperspektive zu beachten.

1.5. Prognose

Ergänzend zum beschriebenen Stand sind die Kommunikationsveranstaltung für alle Mitarbeiter sowie der Workshop mit der zweiten Führungsebene zum Ende des Jahres erfolgreich absolviert worden.

Zu der Kommunikationsveranstaltung kam die Rückmeldung eines Bereichsleiters noch am gleichen Tag an mich. Für mich bedeutet das, dass die Initiierung zunächst wirksam war.

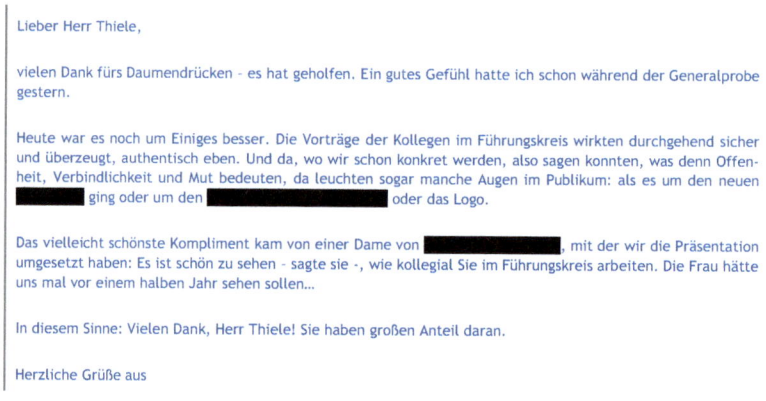

Abbildung 28: eMail eines Mitglieds des Führungskreises

Entscheidend für den Prozess ist es, dieses Momentum aufrechtzuerhalten. Herr G. bat mich um einen Vorschlag zur weiteren Bearbeitung, den wir in einem persönlichen Gespräch vor allem im Kontext der Hypothese HP2 (potentielle Überforderung) diskutierten. Hintergrund ist, dass die wesentlichen inhaltlichen Veränderungen bis Juli 2015 abgeschlossen sein sollen. Durch die damit verbundenen teils signifikanten Einschnitte und der gleichzeitig gering ausgeprägten Fähigkeiten der Gesamtorganisation, damit ohne Unterstützung umzugehen, ist eine Aktivierung der Gesamtorganisation

114

und eine intensive Begleitung der Führungsebenen geboten. Gleichzeitig erfordert dies neben der Beanspruchung durch das Tagesgeschäft und der inhaltlichen Neuerungen zusätzliche Kapazitäten insbesondere bei den Mitgliedern der Führungsebenen.

Ich habe Herrn G. folgenden Strukturvorschlag gemacht für das Szenario einer intensiven Begleitung:

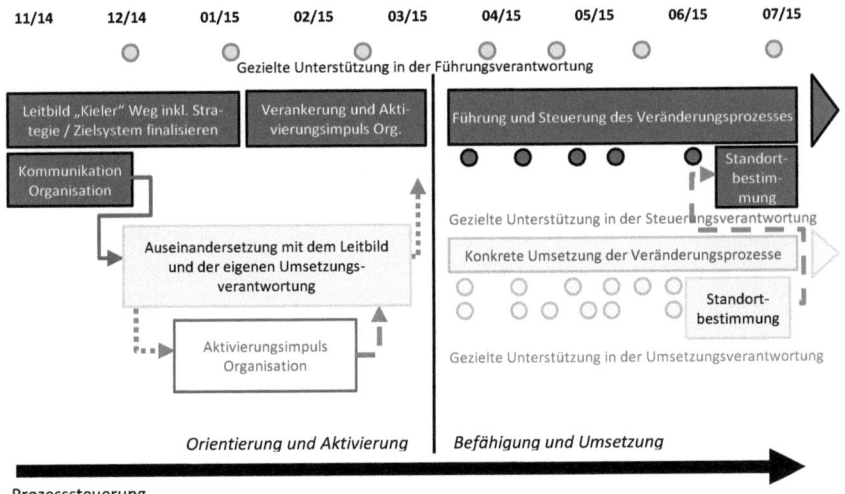

Abbildung 29: Übersicht der weiteren Interventionen [7]

Im Kern ist dies ein Jahresprogramm, was hier innerhalb von 8 Monaten geleistet werden müsste. Ich halte dies, trotz der Überlastungssituation aus folgendem Grund für vertretbar:

---

[7] Zur Erläuterung: Punkte oben mittelgrau (Geschäftsführung), dunkelgrau (erster Führungskreis), hellgrau (zweiter Führungskreis), weiß (Gesamtorganisation)

Ausgehend von meiner Wahrnehmung konstruktiver Ressourcen sehe ich die Möglichkeit, dass die objektiven zeitlichen Mehraufwände auf individueller und kollektiver Ebene zumindest in großen Teilen kompensiert werden, weil durch die strukturierte Begleitung Räume für Dialog und Beziehung eröffnet werden, die die Umsetzung und die damit verbundenen Friktionen deutlich entlasten werden. Typische Symptome in Veränderungsprozessen wie Machtkämpfe, Intrigen, Aufweichen organisatorischer Grenzen, Rollen- und Schnittstellendiffusion, nachlassend Arbeitsqualität und Produktivität, Privatvereinbarungen usw. können damit in Teilen vermieden oder zumindest abgemildert werden.

Ungeachtet der Zeitperspektive sind zwei wesentliche Phasen im weiteren Prozess zu unterscheiden: Eine Orientierungs- und Aktivierungsphase, in der die Grundlagen geschaffen werden, sowie eine Mobilisierungsphase, in der eine Auseinandersetzung mit "dem Neuen" erfolgt. Hier bin ich als Berater insbesondere in einer strukturierenden Rolle gefordert, auch was die Bedarfe zur Bearbeitung angeht.

Die zweite Phase fokussiert dann eher auf die Begleitung der Umsetzung durch Befähigung der Führungsebenen. Hier verändert sich meine Rolle dahingehend, als dass die Führungskräfte in ihrer Verantwortung die Prozessschritte definieren und wo sie in welcher Form Begleitung benötigen.

Besondere Relevanz hat die Arbeit mit der zweiten Führungsebene als primäre Umsetzungsverantwortliche. Entlang Bernes Modell der Gruppendynamik liegt hier meines Erachtens der Schlüssel für Kohäsion zwischen Führung und Mitarbeitern.

Herr G. hat die Alternativen mit dem Führungskreis besprochen und man hat sich für diese Vorgehensweise bewusst entschieden.

Entwicklungsarbeit mit
Organisationen

02

Theoretische Modelle

2. Theoretische Modelle

Im Folgenden sind die in der Fallstudie benannten sowie einige weitere Modelle beschreiben, die ich in Entwicklungs- und Veränderungsprozessen implizit und explizit anwende. Sie stellen dabei eine Auswahl dar und sind bei weitem nicht vollständig. Ebenfalls sind die Modelle aus Platzgründen nicht in allen Fällen vollumfänglich, sondern ausschnittsweise beschrieben. Die Literaturhinweise bieten eine Möglichkeit zur Vertiefung.

Die genannten Modelle stammen zum überwiegenden Teil aus der Transaktionsanalyse aber auch darüber hinaus. Die Unterkapitel sind anwendungsorientiert wie folgt strukturiert:

- Kapitel 2.1.: Transaktionsanalytische Konzepte zur Beschreibung von Organisationen

- Kapitel 2.2.: Kommunikation in Organisationen als Manifestation von Organisationsprozessen

- Kapitel 2.3.: Phänomen sich wiederholender Verhaltensmuster in Organisationen

- Kapitel 2.4.: TA- und andere Konzepte zur Erfassung von Situationen, Planung der Veränderungsrichtung und Evaluation von Ergebnissen

- Kapitel 2.5.: Weitere Konzepte zur Arbeit mit Organisationen

- Kapitel 2.6.: Konzepte zur Beschreibung der Organisationskultur.

Die folgende Abbildung 31 stellt noch einmal eine Übersicht der Modelle da im Hinblick auf Bezug zur Fallstudie.

Kapitel	Modelle mit Bezug zur Fall-studie	Weitere Modelle
2.1.	Strukturbedingungen von Gruppen Dynamik der Gruppe	Group imago Organisationsimago
2.2.	Acht Interventionen	Funktionsmodell der Ich-Zu-stände Transaktionen
2.3.	Überverantwortlichkeit - Unterverantwortlichkeit	Skriptzirkel Ausbeutertypen Grundpositionen Spiele Symbiose
2.4.	3P Vertrag Autonomie Grundbedürfnisse Kompetenzkurve	Modell der Kräfteanalyse
2.5.	Leitbild Führungsverständnis	
2.6.	Passivität Disfunktionalitäten einer Gruppe Kulturmodell	

Abbildung 30: Übersicht der beschriebenen Modelle

2.1. Transaktionsanalytische Konzepte zur Beschreibung von Organisationen

Ein aus meiner Sicht wesentliches TA-Konzept zur Beschreibung von Organisationen ist das <u>Modell von Berne zu Struktur und Dynamik von Organisationen</u>.[8] Berne hat die öffentliche Struktur von Gruppen wie folgt beschrieben:[9]

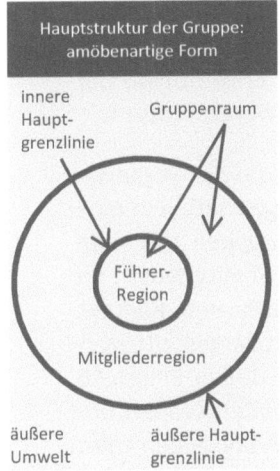 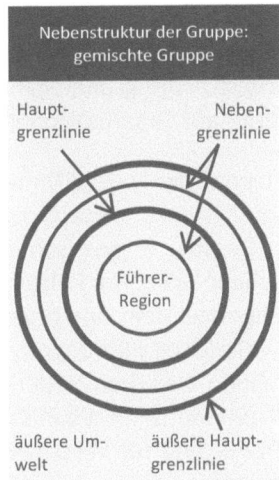 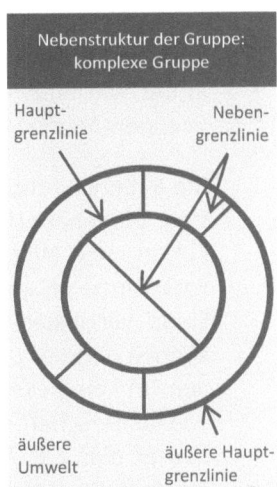

Abbildung 31: Differenzierung der Strukturbedingungen

Eine Gruppe lässt sich danach als ein Sozialaggregat mit einer äußeren und mindestens einer inneren Grenzlinie definieren. Folglich

---

[8] Hierbei ist zu beachten, dass es sich dabei an und für sich um 6 Modelle handelt, die manifeste Struktur, die Strukturbedingungen, die verborgene Struktur, die Entwicklung der Gruppe, die Autoritätsbedingungen und die Dynamik der Gruppe. In den weiteren Ausführungen werden nicht alle diese Modelle betrachtet, sondern der hier relevante Ausschnitt.

[9] Berne, E. (1963), S. 87, 93

gibt es Mitglieder von Gruppen und Nichtmitglieder und ebenso gibt es Mitgliedschaft und Führerschaft innerhalb von Gruppen. Implizit geht Berne daher davon aus, dass es keine führungslosen Gruppen gibt, die innere Grenzlinie grenzt die Mitgliedschaftsregion von der Führungsregion ab.[10]

Berne sagt explizit „Bei diesem Klassifizierungssystem ist es nicht erforderlich, zwischen Gruppen und Organisationen eine klare Trennungslinie zu ziehen. Eine solche Unterscheidung mag sich gelegentlich für Diskussionszwecke als dienlich erweisen, sie ist jedoch keine theoretische Notwendigkeit."[11] Entsprechend sehe ich in der Konsequenz, dass sich die grundlegenden Erkenntnisse der Gruppentheorie von Berne auf Organisationen anwenden lassen.

Die äußere Grenzlinie trennt die äußere Umwelt von der Organisation. Die innere Hauptgrenzlinie unterteilt die Organisation in eine Führer- und Mitglieder-Region. In gemischten Gruppen bestehen nach Berne unterschiedliche Stati von Führung und Mitgliedern im Sinne vertikaler Nebengrenzlinien; im organisationalen Kontext können darüber unterschiedliche Führungsebenen dargestellt werden. In komplexen Gruppen bestehen Nebengrenzlinien innerhalb von Führerschaft und Mitgliedern. Im organisationellen Kontext bedeutet dies z.B. Verantwortung für verschiedene Divisionen bzw. die Aufteilung in Abteilungen.

Berne unterscheidet im Weiteren zwei Arten von Gruppenkräften, welche die organisatorische Struktur von Gruppen und damit ihr effektives Überleben gefährden:[12]

- Angriffe auf die äußere Grenzlinie: Druck bzw. Krieg. Im Kontext von Organisationen handelt es sich hier zumeist

---

[10] Berne, E. (1963), S. 86
[11] Berne, E. (1963), S. 88
[12] Berne, E. (1963), S. 67, 108-111

um veränderte Rahmen- und Marktbedingungen (technologisch, sozio-kulturell, politisch, rechtlich, wirtschaftlich), die bedrohlich bis existenzgefährdend sein können.

- Angriffe auf die innere Hauptgrenzlinie: zum einen als eher Kind-getriebene Agitation gegen die Führung, was als Entwicklung der Auseinandersetzung mit dem / den Führenden zu verstehen ist (Rebellion), zum anderen die erwachsene Auseinandersetzung mit dem Führungsanspruch (Revolution). Im Kontext von Organisationen geht dies von inkongruenten Zielsystemen bis zu Machtkämpfen und "Politik", um die eigenen Interessen gegen die Führenden durchzusetzen bzw. deren Platz einzunehmen.

Entlang der Nebengrenzlinien bestehen in gleicher Logik ebenso zwei Arten von Gruppenkräften: die Kind-getriebene Agitation (Intrige) sowie die erwachsene Form der Auseinandersetzung (individuelle Neigungen). In Organisationen bedeutet dies vor allem Rol-

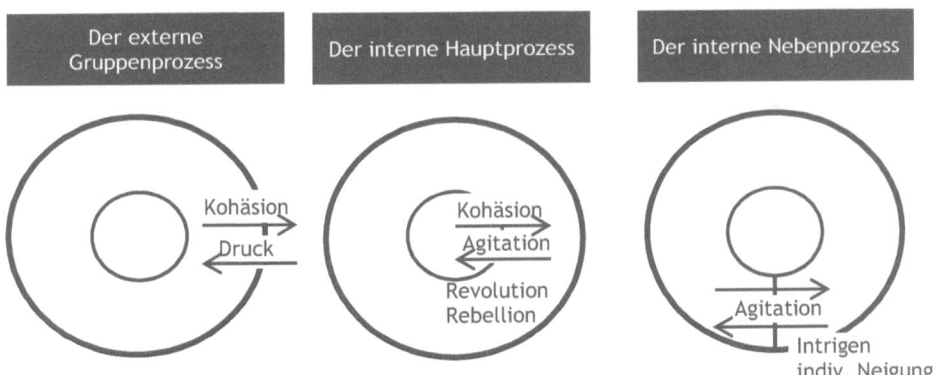

lenunklarheiten und Problemen an Schnittstellen hin zu funktionsübergreifendem Durchsetzen eigener Machtansprüche gegen andere Mitglieder.

Abbildung 32: Die Gruppenkräfte nach Berne (eigene Darstellung)

123

Die Kraft, die sich sowohl dem Druck nach außen als auch der inneren Agitation widersetzt, kommt aus dem Bedürfnis der Gruppenmitglieder, die bestehende Struktur aufrechtzuerhalten. Berne beschreibt dies als Gruppenkohäsion. Dabei beschreibt Berne den eigentlichen Test der Kohäsion, inwieweit eine Gruppe in der Lage ist, eine messbare Arbeitsleistung gegen die Opposition zu vollbringen.[13] Im Organisationskontext ist es Aufgabe der Führung, die Gruppenkohäsion zu stärken und sie in Notzeiten zu mobilisieren.

Entsprechend lassen sich drei Gruppenkontexte polarisierend darstellen.

---

[13] Berne, E. (1963), S. 111

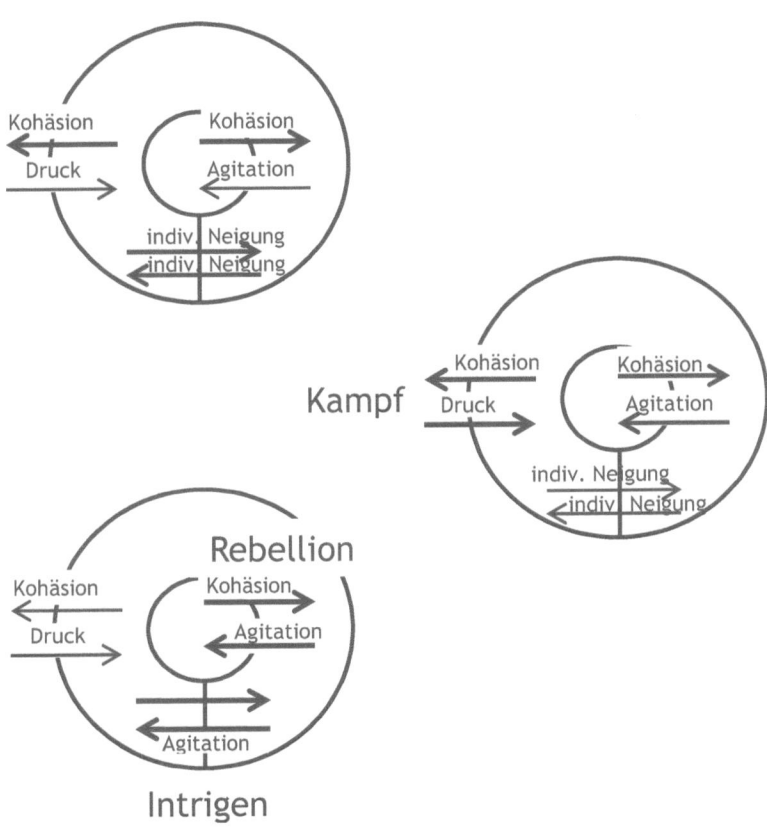

Abbildung 33: Primäre Gruppenkontexte (eigene Darstellung)

Arbeitsgruppe:

- Fokussierung der Gruppenenergie auf Auseinandersetzungen an den Nebengrenzlinien im Sinne individueller Neigungen

125

- stabile Gruppensituation mit Balance von Innen- und Außenorientierung

- Kohäsive Gruppenkräfte innerhalb der Gruppe und nach außen überwiegen deutlich die gruppengefährdenden Kräfte.

Kampfgruppe:

- Fokussierung der Gruppenenergie auf die Aufrechterhaltung der eigenen Struktur nach außen

- Kohäsive Gruppenkräfte nach außen stehen im Spannungsfeld mit dem gruppengefährdenden Druck von außen

- entsprechend kohäsive Kräfte an der äußeren Hauptgrenzlinie.

Entwicklungsgruppe:

- Fokussierung der Gruppenenergie auf die Aufrechterhaltung der eigenen inneren Struktur ("Beschäftigung mit sich selbst")

- Kohäsive Gruppenkräfte innerhalb stehen im Spannungsfeld mit den gefährdenden Kräften innerhalb der Gruppe

- entsprechend kohäsive Kräfte an der inneren Hauptgrenzlinie.

Krisengruppe:

- Fokussierung der Gruppenenergie auf die Erhaltung der inneren Struktur, sowohl nach außen als auch nach innen

- Kohäsive Gruppenkräfte innerhalb und nach außen stehen im Spannungsfeld mit gefährdenden Kräften sowohl mit

gruppengefährdendem Druck von außen, als auch gefährdenden Kräften innerhalb der Gruppe

- Entsprechend sind kaum noch kohäsive Kräfte weder an
  der inneren, noch an der äußeren Hauptgrenzlinie zu verorten.

Zusätzlich zu den Ausführungen zu den Gruppenkräften hat Berne
auch noch zwei weitere wesentliche Aspekte von Organisationsbe-
schreibungen ausgeführt:

- zur öffentlichen Struktur[14] gehört neben den Strukturüber-
  legungen als Grundlage der Gruppenkräfte auch z.B. Orga-
  Charts, Standortdiagramme, Personallisten, Stellenpläne,
  Sitzordnungen, Raumpläne

- die verborgene Struktur im Sinne der Gruppenbilder (group
  imagos)[15], die Berne in undifferenziert, teilweise differenziert und differenziert unterteilt. Diese sind nicht nur individuell unterschiedlich, sondern verändern sich auch
  über die Zeit, insbesondere über die Zugehörigkeit zu einer Gruppe. Gruppenbilder können der manifesten Struktur entsprechen, aber auch stark abweichend sein. Maßgeblich dazu bei tragen Aspekte wie informelle
  Führerschaft (z.B. umgangssprachlich die "graue Eminenz")
  und die Kenntnis bzw. Unkenntnis über die Gruppenmitglieder.

---

[14] Berne, E. (1963), S. 24-27,270
[15] Berne, E. (1963), S. 64, 276

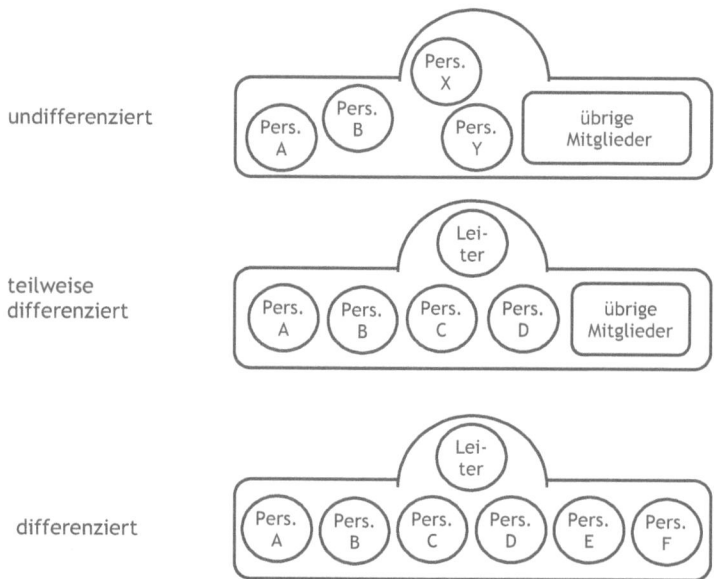

Abbildung 34: Unterteilung der Gruppenbilder

Ich habe den Aspekt der Gruppenbilder in der Fallstudie nicht verwendet, weil nach meiner Wahrnehmung die formale und informelle Führerschaft von Herrn G. von allen Gruppenmitgliedern klar gesehen wird und auch die Kenntnis untereinander relativ groß ist. Ich hätte den Einsatz des Modells anders gesehen und ggf. als explizites Modell eingebracht, wenn Herr M. weiter in der Geschäftsführung verblieben und bei den Workshops mit dem Führungskreis dabei gewesen wäre.

Steinert hat darüber hinaus eine Ableitung des Gruppenimagos auf ein <u>Organisationsimago</u> vorgenommen.[16] Nach Steinert ist das organisationale Imago:

---

[16] Mohr, G./Steinert, T. (2006), S. 126-128

- das Konzept, die Interpretation oder das Bild, welches ein derzeitiges oder zukünftiges Mitglied einer Organisation bekommt von den Zielen, Aufgaben, Hierarchien, Abteilungen und Teams einer Organisation und der Organisation als Ganzes

- das Konzept eines individuellen Mitglieds oder einer Gruppe der Organisation, wie die Organisation sein und/oder funktionieren soll

- das Konzept eines individuellen Mitglieds oder einer Gruppe der Organisation über die dynamischen Beziehungen zwischen Mitgliedern der Organisation.

Ein Teil des mentalen Bildes ist auch die Vision, Mission, die Ziele oder auch Werte einer Organisation, von daher gibt es hier einen direkten Bezug zum verwendeten Modell des Leitbilds.

2.2. Kommunikation in Organisationen als Manifestation von Organisationsprozessen

Grundsätzlich bilden für mich das <u>Funktionsmodell der Ich-Zustände</u>[17] und das Modell der <u>Transaktionen</u> die wesentliche Grundlage zur Beschreibung von Kommunikationsbeziehungen.

---

[17] Hagehülsmann, U./H. (1998), S. 21

Kritischer Eltern-Ich-Zustand (kEL):
Konstruktiv sichtbar durch kritische sowie destruktiv sichtbar durch überkritische Verhaltensweisen

Fürsorglicher Eltern-Ich-Zustand (fEL):
Konstruktiv sichtbar durch fürsorgliche sowie destruktiv sichtbar durch überfürsorgliche Verhaltensweisen

Erwachsenen-Ich-Zustand (ER):
Sichtbar durch sachlich klare, beobachtende, analysierende Verhaltensweisen

Freier Kind-Ich-Zustand(fK):
Konstruktiv sichtbar durch gefühlvolle, lustige sowie destruktiv sichtbar durch rücksichtslose, gefährdende Verhaltensweisen

Angepasster Kind-Ich-Zustand (aK):
Konstruktiv sichtbar durch sinnvolle soziale / angepasste Verhaltensweisen sowie destruktiv sichtbar durch Überanpassung

Rebellischer Kind-Ich-Zustand (rK):
Konstruktiv sichtbar durch mutigen und angemessenen Widerstand sowie destruktiv sichtbar durch verstockten oder auftrumpfenden Protest

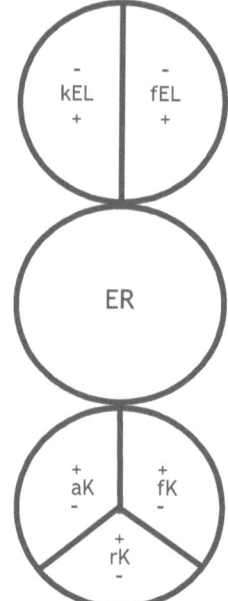

Abbildung 35: Funktionsmodell der Ich-Zustände

Eine Transaktion ist definiert als die „Grundeinheit jeder Sozialaktion"[18] und besteht aus einem Stimulus (Reiz) und einer einzigen Reaktion (beide können verbaler und/oder nicht-verbaler Natur sein), zum Beispiel:

- Stimulus (Reiz, Anrede, 1. Botschaft): „Kommst Du mit?"

- Reaktion (Antwort, 2. Botschaft): „Ja." + Nicken.

---

[18] Berne, E. (1972), S. 36

Ein Gespräch ist damit eine Serie von ineinander verketteten Transaktionen. Berne unterscheidet drei Arten von Transaktionen:

- Parallele Transaktionen werden auch als „stimmige Transaktionen mit komplementären Botschaften"[19] oder „Komplementär-Transaktionen"[20] bezeichnet und bedeuten, dass der Kommunikationspartner aus dem angesprochenen Ich-Zustand reagiert. Dies lässt sich weiter differenzieren in symmetrisch (EL-EL, ER-ER, K-K) oder asymmetrische (EL-K) Transaktionen.

- Gekreuzte Transaktionen werden auch als „unstimmige Transaktionen mit disparaten Botschaften"[21] oder „Überkreuz-Transaktionen"[22] bezeichnet. Sie werden als gekreuzte Transaktionen bezeichnet, weil sich die Botschaften überkreuzen bzw. der Gesprächspartner aus einem anderen Ich-Zustand reagiert als dem angesprochen. Es gibt jedoch Fälle, bei denen sich die Botschaften zwar nicht kreuzen und dennoch unvereinbar miteinander sind. Sie gelten auch als gekreuzte Transaktionen.[23]

- Verdeckte Transaktionen werden auch als „doppelbödige Transaktionen mit Botschaften mit Hintergedanken"[24] bezeichnet. Sie werden weiter unterschieden nach

  - Unterschwelliger Verführung (Schlegel) bzw. Angulär-Transaktionen (Berne)

  - Doppelbödigen Transaktionen (Schlegel) bzw. Duplex-Transaktionen (Berne).

---

[19] Schlegel, L. (2002), S. 79
[20] Berne, E. (1972), S. 29
[21] Schlegel, L. (2002), S. 81
[22] Berne, E. (1972), S. 31
[23] Berne, E. (1963), S. 142
[24] Schlegel, L. (2002), S. 83

Das Ergebnis der Kommunikation hängt ab von der Art der Transaktion:

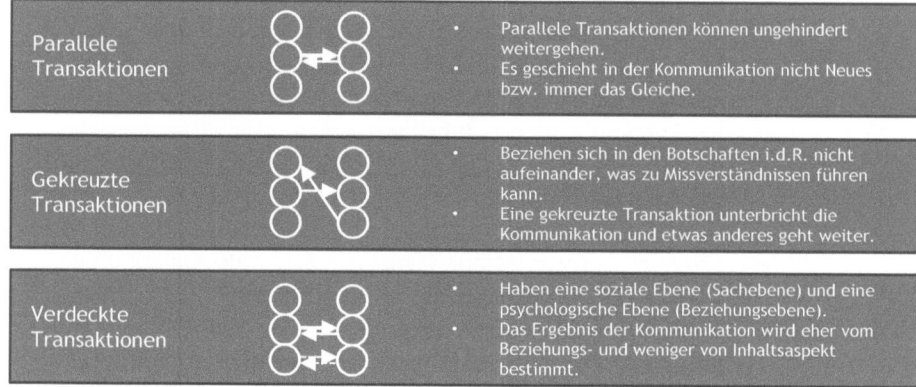

Abbildung 36: Darstellung der Kommunikationsregeln aus den Transaktionen (eigene Darstellung) [25]

In meinem Fallbeispiel lassen sich, ableitend aus dem patriarchalischen Führungssystem parallele asymmetrische Transaktionen zwischen kritischen und auch fürsorglichen EL-Anteilen sowie angepassten K-Anteilen und zwar sowohl ausgehend von den

---

[25] Hagehülsmann, U./H. (1998), S. 54-62

Mitarbeitern (aus K kommend) als auch von den Führungskräften (aus EL kommend) beobachten.

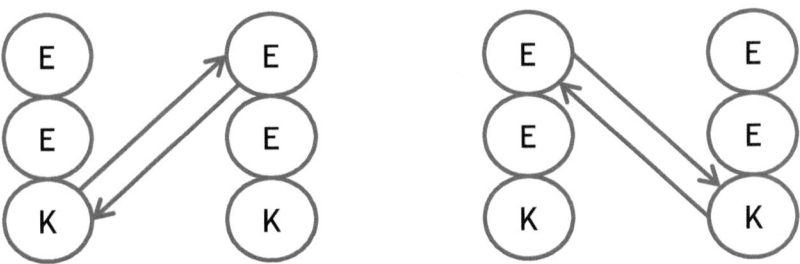

Abbildung 37: Darstellung komplementärer Transaktionen im Fallbeispiel

Dies lässt sich konkret ableiten aus den Beobachtungen der Geschäftsführung im Hinblick auf die Bereichsleiter sowie aus den Beobachtungen der Bereichsleiter zu den Mitarbeitern. Typisches Beispiel für den linken Fall sind nach oben eskalierte Probleme mit der Phantasie, die Führung müsse diese lösen. Typisches Beispiel für den rechten Fall ist die Diskussion des Führungsverständnisses von Herrn G. (s. Kapitel 1.4.3. Seite 75 ff.).

Die parallelen Transaktionen als Teil angepasster Organisationskultur manifestieren die historischen hierarchischen Strukturen und Entscheidungsprozesse, die aus eben dieser Haltung nicht hinterfragt werden.

Im Sinne der Entwicklung dieser Organisation ist es Ziel, zu weitgehend konstruktiven, lösungsorientierten und durchaus inhaltlich konfliktären ER-ER Diskussionen zu kommen. Im Sinne eines Hinterfragens, Reflektierens und Neudefinierens von Kommunikation, ist zunächst eine Durchkreuzung aus dem ER-Ich notwendig, damit "etwas Anderes weitergehen kann". Hier zeigt sich im Übrigen ein Bezug zu dem Kulturmodell nach Fatzer unter Kapitel 2.6 (S. 176 ff.).

Neben dem Modell der Transaktionen können auch starke Spielmuster die Manifestation von Prozessen im negativen Sinn unterstützen.

Ein weiteres wichtiges Modell zur Kommunikation sind die <u>acht Interventionen</u>. Berne hat zunächst eine Gruppe von acht Interventionen hervorgehoben, die seines Erachtens von besonderer Bedeutung waren für die Psychotherapie. Später hat er noch die Erlaubnis als entscheidende Intervention im Rahmen der therapeutischen Triade von seiner Schülerin Crossman übernommen.[26] Dabei kann von den Begrifflichkeiten her unterschieden werden in "Interventions" und "Interpositions".[27,28] In Anbetracht des hier relevanten Interviewsettings, dessen primäres Ziel Informationsgewinnung ist, habe ich die Ausführungen zu den dafür relevanten Interventionen ausführlicher dargestellt. Die wesentlichen Inhalte und Ziele sind im Folgenden beschrieben:

- Interventionen

    1. Befragung: Sie lässt dem Klienten Raum, sich und seine Konzepte des Problems und seine Lösungsideen darzustellen, lenkt aber auch die Aufmerksamkeit auf bestimmte Inhalte und Zusammenhänge. Primäre Ziele sind

        - die Aktivierung des ER-Ich,

        - die Zentrierung auf wesentliche Punkte,

        - die Bereitstellung von Informationen,

        - gibt dem Klienten Informationen, worauf der Berater Wert legt,

---

[26] Schlegel, L. (2002), S. 167; Crossmann, P. (1966)
[27] Sell, M. (2006), S. 138
[28] Henning, G. und Pelz, G. (1997), S. 245-250

- zeigt das operieren des Klienten mit den Ich-Zuständen,

- hilft bei der Entwicklung einer Wirklichkeitsdefinition.

2. Spezifikation: Sie steht im Wechsel und als Ergänzung zur Befragung und dient der Klärung von Zusammenhängen und Begriffen, hilft zu einer gemeinsamen Sprache, legt aber auch den Klienten auf bestimmte Aussagen fest. Das Risiko besteht in der Anpassung des Klienten an die Sprache oder Wirklichkeit des Beraters. Spezifikationen sind hilfreich bei

- unklaren Begriffen, Beziehungen und Zusammenhängen,

- Abstraktionen,

- Fachausdrücken und Fremdworten,

- schwammigen oder lückenhaften Beschreibungen,

- Pauschalisierungen.

3. Konfrontation: Die Konfrontation ergibt sich im Gespräch aus Befragung und Spezifizierung. Hier wird der Klient auf widersprüchliche Behauptungen, Annahmen und Verhaltensweisen aufmerksam gemacht und um Klärung gebeten. Das kann auch Widersprüche in den Interessen der Person beinhalten. Damit die Konfrontation nicht als verfolgerisch erlebt wird, bedarf es ggf. eines Vertrages, die Akzeptanz muss zumindest spürbar

135

sein. Ansonsten besteht die Gefahr, dass der Berater in Spiele oder Maschen einbezogen wird. Ziel ist es, die Energie von Eltern- und Kind-Ich-Anteilen in das Erwachsenen-Ich zu bekommen. Beispiele für Konfrontation von Widersprüchen sind:

- Bruch getroffener Vereinbarungen,

- Maschen-Gefühlsausdruck und wirkliches Gefühl,

- Rollen im Drama-Dreieck,

- Antreiber- oder abwertende Aussagen zu sich oder Anderen,

- Orientierung an Anderen statt an eigenen Bedürfnissen,

- passive Verhaltensweisen statt Arbeit am Problem,

- Redefinitionen und Interpretationen statt klarer und genauer Antworten.

4. Erklärung: Die Erklärung dient dazu, dem Klienten ein neues Verständnis für die Entstehung und Aufrechterhaltung der Situation anzubieten. Bei der Befragung ergeben sich oft bereits Aspekte, die das Verständnis von sich und der Umgebung deutlich machen. Bei der Erklärung wird das Klienten-Modell in Frage gestellt und Alternativen entwickelt, z.B. auf Basis von Modellen und Konzepten. Das Risiko besteht in der Konkurrenz zum Denken des Klienten, was in "Ja, aber..." Spielen sichtbar werden kann. Ziele der Erklärung sind:

- den Interpretationsansatz von Klienten zu erschüttern

- neue Zusammenhänge zu zeigen

- komplexe Zusammenhänge modellhaft zu verdeutlichen

- Motivation fördern und Optimismus stärken

- eine Struktur für die Problemlösung zu entwickeln.

- Interpositionen

5. Illustration: Die Illustration dient zur Veranschaulichung eines Modells anhand konkreter Beispiele vom Klienten oder anderen Teilnehmern oder der Erfahrung des Beraters, um zu verdeutlichen, was gemeint ist. Auch Märchen, Parabeln, Literatur oder Anekdoten können genutzt werden.

6. Bestätigung: Hier zeigt der Klient, wie gut er ein neues Erklärungsmodel verstanden hat und wie dieses in seiner Lebenswirklichkeit umgesetzt werden kann. Die Aktivität des Beraters nimmt ab, der Klient steht verstärkt im Mittelpunkt. Zu viel und zu wenig Anerkennung sind hierbei hinderlich für den Erfolg der Intervention.

7. Interpretation / Deutung: Die Interpretation schafft die Verbindung zur frühkindlichen Erfahrung und ist maßgeblich auf die Entwirrung des Kind-Ichs gerichtet.

8. Kristallisation / Festigung: Erreichen einer inneren Sicherheit des Klienten, das aktuelle Problem bewältigt zu haben und künftige Probleme in anderer Art anzugehen.

2.3. Phänomen sich wiederholender Verhaltensmuster in Organisationen

Grundsätzlich ist für mich an dieser Stelle der Skriptzirkel relevant als interner, selbstverstärkender unbewusster Steuerungsprozess individuellen Verhaltens.[29]

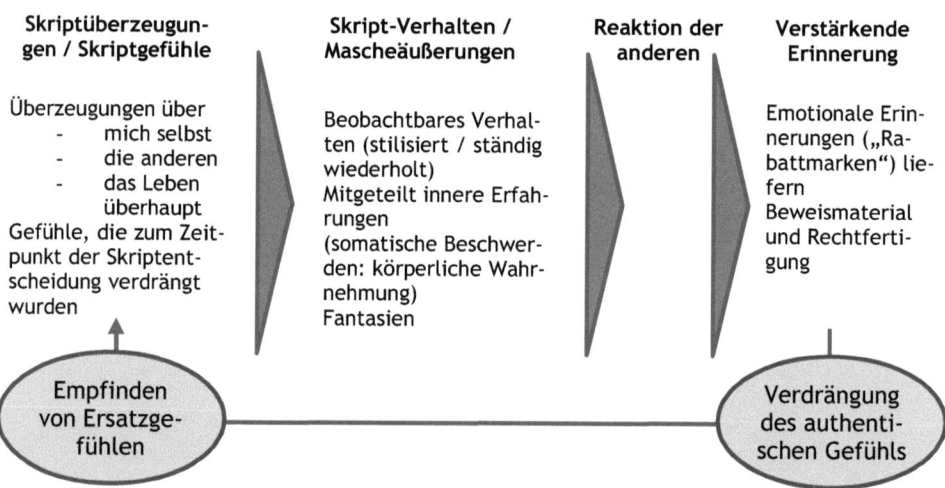

Skriptüberzeugungen / Skriptgefühle	Skript-Verhalten / Mascheäußerungen	Reaktion der anderen	Verstärkende Erinnerung
Überzeugungen über - mich selbst - die anderen - das Leben überhaupt Gefühle, die zum Zeitpunkt der Skriptentscheidung verdrängt wurden	Beobachtbares Verhalten (stilisiert / ständig wiederholt) Mitgeteilt innere Erfahrungen (somatische Beschwerden: körperliche Wahrnehmung) Fantasien		Emotionale Erinnerungen („Rabattmarken") liefern Beweismaterial und Rechtfertigung

Empfinden von Ersatzgefühlen

Verdrängung des authentischen Gefühls

Abbildung 38: Skriptzirkel (eigene Darstellung nach Erskine)

[29] Erskine, R. G. / Zalcman, M. (1979)

In Anlehnung daran definiere ich einen organisationalen Skriptzirkel als internen, selbstverstärkenden Deutungs- und Steuerungsprozess der Organisation, der i.d.R. unbewusst abläuft.

Da ich bisher nur mit wenigen Personen aus der Organisation in
Berührung gekommen bin, habe ich für die hier betrachtete Organisation noch keinen Skriptzirkel beschrieben.

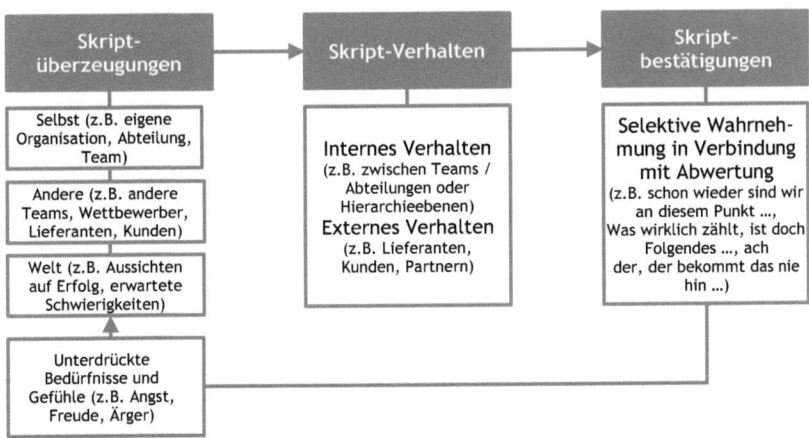

Abbildung 39: Organisationaler Skriptzirkel

Stattdessen habe ich den Schwerpunkt auf ein übergreifendes Phänomen und seine Bezüge gelegt, das häufig in Fürsorglichkeitskul-
turen (s. Modell von Fatzer, Kapitel 2.6., S. 176 ff.) und patriarchalischen Führungssystemen sichtbar sind - ein Gefälle von Über-
und Unterverantwortung.

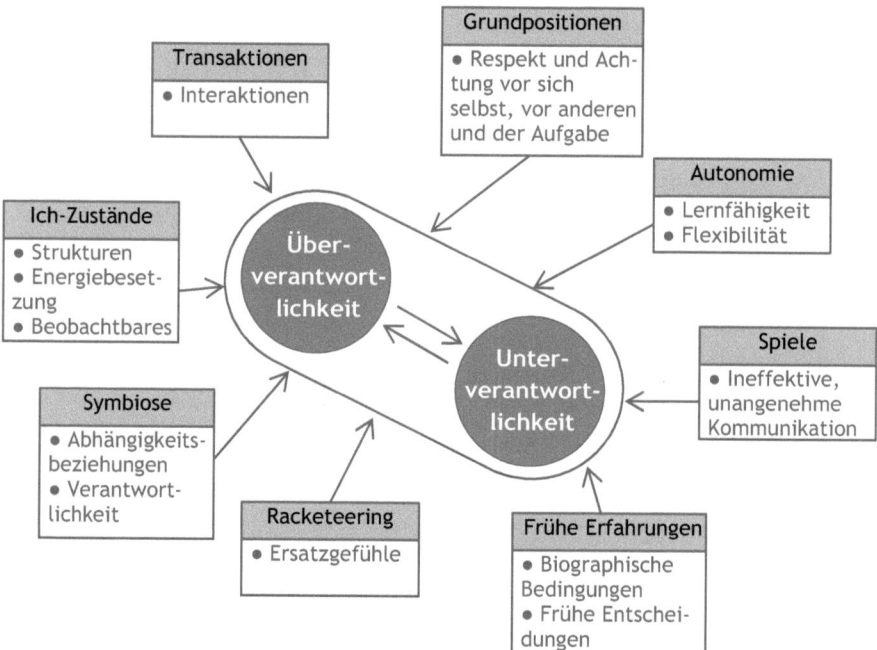

Abbildung 40: Über- und Unterverantwortlichkeit als Ergebnis unterschiedlicher Einflussgrößen [30]

Dies ist auch in meinem Fallbeispiel ein grundlegend zu beobachtendes Phänomen, das sich aus unterschiedlichen "Quellen" speisen kann, wie in der entsprechenden Synopse von Hagehülsmann dargestellt ist. [31]

In diesem Kontext sind auch die beiden Typen von Ausbeutern nach English interessant. Basierend auf den Gedanken zu Ersatzgefühlen beschreibt sie die folgenden Typen und Untergruppen, die modellhaft das Gefälle von Über- und Unterverantwortung beschreiben: [32]

---

[30] Hagehülsmann, U./H. (1998), S. 220
[31] Hagehülsmann, U./H. (1998), S. 218ff
[32] English, F. (1979), S. 108ff

- Typ 1 eröffnet die Ausbeutungstransaktion aus dem Kind-Ich und erwartet eine Reaktion aus dem Eltern-Ich

  - Typ 1 (a): "hilflos" mit dem Ziel positiver Beachtung

  - Typ 1 (b): "rotzig-frech" mit dem Ziel negativer Beachtung.

- Typ 2 eröffnet die Ausbeutungstransaktion aus dem Eltern-Ich und sucht ein "angepasstes Kind"

  - Typ 2 (a): "unecht hilfreich" mit dem Ziel positiver Beachtung

  - Typ 2 (b): "befehlerisch" mit dem Ziel negativer Beachtung.

Bereits anderweitig modellhaft betrachtete Aspekte sind unter 2.2. die Ich-Zustände und Transaktionen sowie das Konzept der Autonomie in 2.4. Ohne auf die in Abbildung 41 einzeln angesprochenen Modelle explizit einzugehen sind beispielhaft folgende Aspekte der hier betrachteten Organisation erwähnenswert:

- im Modell der Grundpositionen zeigt sich das historisch angelegte Verhalten durch starke Ausprägungen in +/- und -/+ Disposition versus einer durchgängig zu beobachtenden +/+-Haltung. Dies ist sowohl zwischen Hierarchiestufen als auch zwischen Abteilungen bzw. bilateralen Beziehungen beobachtbar.

- im Modell der Spiele lässt sich dies ebenfalls deutlich machen, da etliche Kommunikations- und Entscheidungsprozesse eine Spieldynamik besitzen. Ich sehe in erster Linie Spielverkettung[33] von

  - "Rette mich, aber..." sowie "Ja, aber..." mit "Ich will doch nur helfen..."

  - "Mach mich fertig..." und "Jetzt hab ich dich endlich, du Schweinehund!

Ebenso ist meine Hypothese, dass durchaus Spiele zweiten Grades existieren.

- Entlang dem Modell der Symbiose sind vor allem komplementäre Abhängigkeiten beobachtbar analog der parallelen Transaktionen zwischen EL- und K. Gleichwohl bestehen zumindest im Führungskreis auch Eltern-kompetitive Abhängigkeiten und vermutlich auf anderen Ebenen Kind-kompetitive, die in Summe das Gefälle von Über- und Unterverantwortung unterstützen.

---

[33] Berne, E. (1964)

2.4. TA- und andere Konzepte zur Erfassung von Situationen, Planung der Veränderungsrichtung und Evaluation von Ergebnissen

Modell der 3P (Therapeutische Triade)

Das Modell der 3P ist ein grundlegendes Modell, das mich über die gesamte Arbeit begleitet und vor allem im Hintergrund der Interventionsplanung und Evaluation dient. Auf Organisationen bezogen beschreibt es das kundenorientierte Verhalten des Beraters:[34]

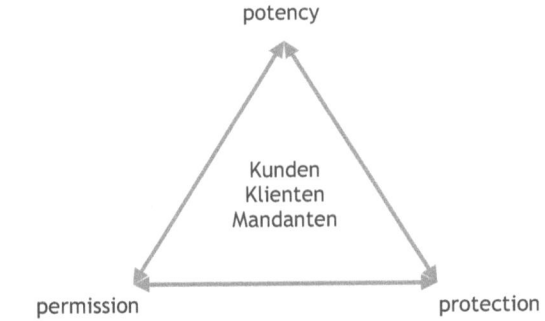

Abbildung 41: Darstellung 3P-Modell

- Permission (Erlaubnis): ein Berater ermutigt den Klienten, Neues zu probieren, z.B. ursprüngliche Gefühle zu spüren und angemessen auszudrücken, eigene Gedanken zu denken und zu vertreten oder neue Verhaltensweisen zu zeigen. Man kann Erlaubnisse mit dem Klienten bearbeiten, ihm vermitteln und auch modellhaft vorleben. Ferner soll

---

[34] Schlegel, L. (2002), S. 336-337; Hagehülsmann, U./H. (1998), S. 285-286; Crossman, P. (1966)

sich in der geschaffenen Arbeitsatmosphäre der Klient reflektieren und ausprobieren dürfen ohne eine Anpassungs-
leistung.

- Protection (ermutigender Rückhalt): Schutz bedeutet Ver-
trauensschutz gegenüber Informationen, Bedenken von
Konsequenzen, Beachten der Angemessenheit von Interventionen (nicht zu viel zu schnell) und auf Grenzen des
Machbaren hinzuweisen. All dies soll zu Vertrauen führen
und potentielle Einladungen zur Rebellion vermeiden.
Steiner spricht hier auch von dem Begriff des Geleitschut-
zes.

- Potency (Überzeugungskraft durch Autorität): Ein poten-
ter Berater verfügt über Authentizität, Vertrauenswürdig-
keit und Verantwortungsbewusstsein. Darüber hinaus verfügt er über Fachkompetenz, die er in seinem eigenen
Lernprozess kontinuierlich erweitert. All das befähigt zu
einem respektvollen Umgang und Vertragsarbeit auf Au-
genhöhe sowie eine entsprechende Interventionsplanung
und -umsetzung. Hier greift auch die ethische Fragestel-
lung, bei manipulativen Anliegen bzw. unangemessenen
Haltungen Aufträge abzulehnen bzw. zurückzugeben.

Vertragsmodell

Das Vertragsmodell ist ebenso ein grundlegendes Modell im Kontext
der Interventionsplanung und Evaluation. Der Vertrag beinhaltet
die Ziele, die erreicht werden sollen und die Vorgehensweise im
Sinne des Weges dorthin. Während eines Prozesses dient er kontinuierlich der Orientierung beider Seiten im Sinne der Zielerreichung.

In der Transaktionsanalyse werden häufig zwei Arten von Verträgen unterschieden:[35]

- der administrative oder Geschäftsvertrag zur Vereinbarung über den Rahmen, die Vergütung, die Organisation sowie andere administrative Inhalte;

- der Behandlungsvertrag zur Vereinbarung des Veränderungsinhalts und von damit verbundener Verantwortung beider Seiten.

Der von mir verwendete <u>administrative Vertrag</u> ist in folgender Struktur aufgebaut und als Angebot an den Kunden formuliert mit der Bitte um Annahme und Gegenzeichnung.

1. Ausgangssituation: Angaben zum Kunden sowie zum Kontext der Beauftragung

2. Zielsetzung: Beschreibung der inhaltlichen Ziele des Kunden

3. Vorgehen: Erläuterung und Darstellung der Interventionsplanung sowie Vorgehensstruktur inklusive der damit verbundenen Aufwände meinerseits

4. Organisation: Namentliche Festlegung der Verantwortlichkeiten auf beiden Seiten für die Beauftragung, Steuerung des gemeinsamen Prozesses und der damit verbundenen administrativen Aufgaben

5. Budget: Konkrete Vereinbarung zu Tages- bzw. Stundensätzen und sonstigen expliziten Kostenvereinbarungen

---

[35] Stewart I./Joines V. (2000), S. 371ff; Schlegel L. (2002), S. 9 sowie S. 19ff.

6. Appendix: allgemeine Auftragsbedingungen.

Die Inhalte des <u>Behandlungsvertrags</u> sind insbesondere in den Punkten 3 und 4 im Angebot beschrieben auf Basis der vorher durchgeführten Auftragsklärung.

Mit dieser Struktur prüfe ich die grundlegenden Bedingungen für den Vertrag:[36]

- gegenseitiges Einverständnis darüber, was durch die Arbeit erreicht werden soll

- Leistung und Gegenleistung bzw. das Entgelt des Kunden

- die Vertragsfähigkeit des Auftraggebers (und gemäß Steiner auch die Zuständigkeit des Beraters)

- moralisch und gesetzliche Zulässigkeit des Ziels.

In diesem Rahmen sind mir vor allem zwei Aspekte zusätzlich wichtig. Zum einen ist meine Erfahrung, dass viele Menschen Schwierigkeiten haben, "gute" Ziele zu formulieren. Für mich bedeutet das:

- Das Ziel ist als Zustand beschrieben (und nicht als Tätigkeit).

- Das Ziel genügt den SMART-Kriterien und ist damit spezifisch, messbar, aktiv beeinflussbar, realistisch und terminiert.[37]

---

[36] Schlegel L. (2002), S. 9; Steiner C. (1983), S. 275 ff.
[37] Hinweis: es gibt in der Literatur zu den Buchstaben A und R unterschiedliche Interpretationen.

In diesem Sinne arbeite ich mit den Kunden an einer möglichst klaren inhaltlichen Zielbeschreibung.

Weiterhin ist meine Erfahrung, dass es nicht hilfreich ist, weitreichende Interventionsplanungen vorzunehmen, weil in der ersten Auftragsklärung im Verhältnis noch wenig Gesamtinformationen aus der Organisation vorliegen bzw. nur eine Perspektive - die des Auftraggebers - reflektiert wird. Die tatsächlichen Bedürfnisse ergeben sich häufig aus den ersten Interventionen insbesondere durch Reflektion und damit verbundene Bewusstheit. Schlegel schreibt im Kontext des Verhandlungsvertrages, dass Berne nicht der Ansicht war, dass sofort ein Behandlungsvertrag erforderlich ist, sondern Zeit für den Patienten erforderlich ist, ihn kennen zu lernen und zu erfahren, was der Therapeut zu bieten hat.[38] In gleichem Sinne ist meine Sicht und Erfahrung aus der Arbeit mit Organisationen, dass es zielführender ist, zunächst die ersten klar definierbaren Interventionen als Vorgehensweise zu strukturieren und im Anschluss eine erneute Auftragsklärung vorzunehmen.

Ich beachte zwei weitere Facetten, die aus meiner Sicht für die Vertragsgestaltung und den dann folgenden Prozess wesentlich sind:

- Wie stark ist die Reflexionsfähigkeit des Auftraggebers ausgeprägt, sich neben den Symptomen der Situation auch mit ursächlichen bzw. systemischen Zusammenhängen auseinanderzusetzen?

- Wie offen zeigt sich der Auftraggeber für andere Denkmodelle und Perspektiven bzw. wie verhaftet ist er in seinem persönlichen und organisatorischen Bezugsrahmen?

---

[38] Schlegel L. (2002), S. 20

Beides wirkt sich nach meinem Verständnis stark auf die im Vertrag zu definierende Vorgehensweise aus, vor allem inwieweit Bewusstheit im Vordergrund der Interventionsplanung steht.

Weiterhin achte ich auf Aspekte, die für mich im Autonomiemodell bzw. dem humanistischen Grundverständnis verortet sind:

- Ist ein Wille des Auftraggebers erkennbar, seine Verantwortung im anstehenden Prozess zu übernehmen und sich damit auf diesen einzulassen (ungeachtet der Tatsache, dass er ihn jederzeit auch verändern kann)?

- Ist eine respektvolle Grundhaltung sichtbar bzw. wie stark sind ggf. Ausprägungen einer +/- und damit abwertenden Haltung erkennbar?

- Lässt sich am Ende der Auftragsklärung explizite Klarheit erzielen, in welchem Rahmen eine Unterstützung durch mich gewünscht wird?

Daraus ergibt sich für mich ein Grundverständnis über die spätere Vertragsgrundlage im Sinne des Gebens und Nehmens. Wenn dies nicht in für mich ausreichendem Maße vorhanden ist, ist ein weiterer Schritt zur Auftragsklärung und / oder in letzter Konsequenz auch eine Ablehnung (bzw. im weiteren Fortschritt eine Rückgabe) des Auftrags erforderlich.

Ich beachte ferner meine eigene Retter-Disposition zur Vermeidung der Übernahme von Führungsverantwortung.

Modell der Autonomie

Das Modell der Autonomie ist sowohl im Sinne des Status Quo als auch zur Messung eines Ergebnisses relevant: Inwieweit ist (mehr) Bewusstheit entstanden? Inwieweit haben sich fixierte und starre Sicht- und Handlungsweisen gelöst und erweitert? Wie hat sich die Zusammenarbeit entwickelt?

Es besteht keine eindeutige Definition des Begriffs nach Berne, sondern es werden im Schrifttum der Transaktionsanalyse drei Bedeutungen verwendet, die in einem inneren Zusammenhang stehen.[39] Nach Berne zeigt sich Autonomie durch das Freiwerden oder Wiedergewinnen von drei seelischen Vermögen: Bewusstheit, Spontaneität und Intimität.[40]

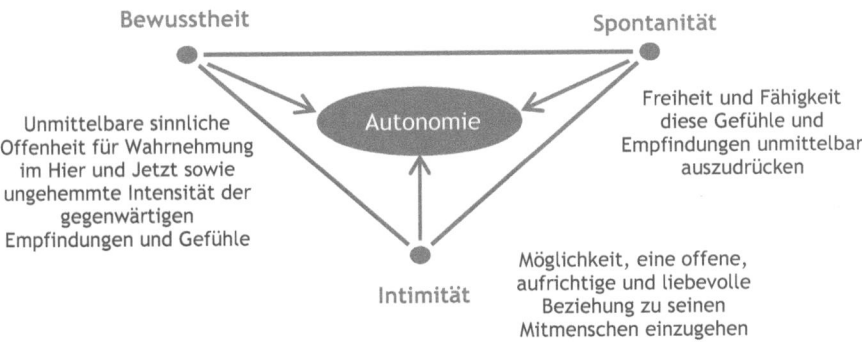

Abbildung 42: eigene grafische Darstellung der Autonomieaspekte

Vogelauer hat das Autonomiemodell auf den organisationalen Kontext übertragen und dabei die folgenden Begrifflichkeiten verwendet: [41]

- Effektivität steht für das "Organisations-Bewusstsein", dazu zählen: Unternehmensaufgaben gut organisiert abzuwickeln sowie die Form der Organisation auf die optimale Erfüllung der Dienstleistung oder Produkterstellung auszurichten. Dazu gehören auch Themen wie Leitbild, Vision,

---

[39] vgl. Schlegel, L. (2002), S. 16
[40] vgl. Berne, E. (1964), S. 287-295; Hagehülsmann, H. (2005)
[41] vgl. Vogelauer, W. (1999), S. 109-113

Bekanntheit der Ziele, Klarheit der Umfeldbedingungen und Marktanforderungen sowie Veränderungsmaßnahmen.

- <u>Flexibilität als Entsprechung der Spontaneität</u>, d.h., in der Situation auf die Notwendigkeiten einzugehen und rasch nachhaltige Ideen und Problemlösungen zu entwickeln. Auch die Wahrnehmung und die offene, unvoreingenommene Auseinandersetzung mit Geschehnissen im Hier und Jetzt wird darunter subsummiert. Dies beinhaltet Bedarfsermittlung bei Kunden, Neues und Kreatives in der Arbeit, lösungsorientierter Einsatz, Ausrichten auf äußere Einflüsse etc.

- <u>Zusammenarbeit(-skultur) als Ausdruck der Intimität</u> im Sinne von Nähe, Vertrauen und Offenheit für die Verankerung von Austausch und Beziehung, für das Leben von Empfindungen und Bedürfnissen wie das Ausdrücken von Gedanken und Vorstellungen. Das zeigt sich in Aspekten von Offenheit und Transparenz, Feedback und konstruktiver Kritik, Empathie und Wertschätzung, Art und Weise von Gesprächen und Besprechungen.

Vogelauer verweist dabei auf die diagnostische Eignung, da sich diese Aspekte sehr gut fragend bzw. im Austausch mit Mitarbeitern von Organisationen explorieren lassen [42], wobei hier häufig auch über die Negativseite bzw. das Fehlen von Autonomieaspekten berichtet wird. Ich teile die Sicht und auch die inhaltlichen Schwerpunkte von Vogelauer und bin einzig mit dem Begriff der Effektivität nicht einverstanden, da Effektivität für mich in erster Linie Wirksamkeit bedeutet, was Handeln impliziert, während Bewusstheit eine dafür notwendige Voraussetzung darstellt. Von daher bleibe ich hier bei dem Begriff der Bewusstheit, die meines Erachtens auch im organisatorischen Sprachgebrauch anschlussfähig ist.

---

[42] vgl. Vogelauer, W. (1999), S. 112

Modell der Grundbedürfnisse

Das Modell dient aus diagnostischer Sicht, den Status Quo zu erfassen und im Nachgang zu überprüfen, inwieweit die Bedürfnisse nach Struktur, Stimulation und Beachtung auf angemessene Art befriedigt worden sind.

Berne beschreibt zunächst drei Gruppen von Grundbedürfnissen (siehe Abb. 44), die auch durch die Säuglingsforschung in ihrer Bedeutung bestätigt wurden.[43] In Anlehnung an physische Grundbedürfnisse hat er diese als "Hunger" bezeichnet, und zwar nach

- Struktur,

- Stimulation und

- Anerkennung.

---

[43] Hennig, G. & Pelz, G. (1997), S. 67ff. Später beschrieb Berne bezogen auf das Erwachsenenalter diese Bedürfnisse differenzierter als Hunger nach Beachtung, Anerkennung, (Körper-)Kontakt, Sexualität, (Zeit-)struktur, Stimulierung und Erlebnissen. siehe dazu Berne, E. (1970)

Grundbedürfnis nach
sinnlicher Anregung
(Sehen, Hören, Riechen,
Schmecken, Tasten)

Stimulation

Strokes

Grundbedürfnis nach
Zuwendung, Beachtung
und Anerkennung
(verbal, non-verbal,
körperlich)

Struktur

Grundbedürfnis,
die Zeit auf eine
bestimmte Weise
zu verbringen und
zu strukturieren

Abbildung 43: Eigene grafische Darstellung der "hungers" [44]

Grundbedürfnis nach sozialer Strukturierung der Zeit:[45]

- Menschen haben ein Grundbedürfnis („Hunger") danach, ihre Zeit auf eine bestimmte Weise zu verbringen bzw. zu gestalten.

- Nach Berne vergeht nicht die Zeit, sondern wir gehen durch die Zeit, sprich wir strukturieren unseren Alltag durch permanente Entscheidungen, wie und mit wem wir unsere Zeit verbringen.

---

[44] s.a. Berne, E. (1972), S. 38 und Schlegel, L. (2002), S. 101-113
[45] Berne, E. (1964), S. 19 ff.; Berne, E. (1972), S. 38 ff.

- Die TA kennt sechs Arten der Zeitstrukturierung (Umgangs-formen):

  o Rückzug

  o Rituale

  o Zeitvertreib

  o Aktivität

  o Spiele

  o Intimität.

Grundbedürfnis nach Stimulation:[46]

- Menschen haben ein Grundbedürfnis („Hunger") nach sinn-licher Anregung bzw. Stimulation.

- Sinnliche Anregung ist gekoppelt an die physiologische Wahrnehmung von Reizen über unsere fünf Sinne: Sehen, Hören, Riechen, Schmecken, Tasten.

- Reizmangel kann entstehen durch:

  o Einöderlebnisse: Wüste, Polarregion, Kloster etc.

  o Soziale Isolation: Isolationshaft, U-Boot, Einzel-büro etc.

- Dauerhafter Reizmangel oder Überreizung führt zu Auf-merksamkeits- und Wahrnehmungsstörungen bis hin zu

---

[46] Berne, E. (1964), S. 15 ff.; Berne, E. (1972), S. 38 ff.; Hagehüls-mann, U./H. (1998), S. 75

Halluzinationen und Deprivations-Erscheinungen und führt letztlich zum Tod.

Grundbedürfnis nach Anerkennung bzw. Zuwendung:[47]

- Menschen haben ein Grundbedürfnis („Hunger") nach Anerkennung, positiver Beachtung bzw. Zuwendung.

- Im Englischen als „stroke" für „streicheln" bezeichnet, woraus sich der Begriff „Streicheleinheit" für „zählbare Momente oder Gradunterschiede positiver Beachtung"[48] ableitet.

- Ausgedrückt durch Körperkontakt, Mimik, Gestik sowie konkrete Botschaften.

- Nicht-Befriedigung kann zu Deprivation führen oder der Suche nach negativer Beachtung.

- Julie Hay: „stroking = first secret of the universe"[49].

In der Übertragung auf organisationale Gegebenheiten wird deutlich, dass die Beachtung dieser Bedürfnisse bei der Aufgabengestaltung einen Energiezufluss ermöglicht, die Nichtbeachtung einen Energieabfluss.[50] In meinem Sinne sind die Grundbedürfnisse in Organisationen entsprechend im Kontext der Motivation verortet, also inwieweit ist die Organisation bzw. sind die Führenden in der Lage, Rahmenbedingungen entlang der Befriedigung von Grundbedürfnissen zu schaffen, um damit den Menschen die Möglichkeit zu

---

[47] Berne, E. (1964), S. 18 f.
[48] Schlegel, L. (2002), S. 102
[49] Quelle: mündlich überliefert
[50] U./H. Hagehülsmann (1998), S. 74

geben, sich zu motivieren. Ich habe die Weiterentwicklung des Ausdrucks der Grundbedürfnisse im organisationalen Kontext wie folgt beschrieben:

Stimulation	Zuwendung	Struktur
• Grundbedürfnis, gefordert zu werden, nach Aktivierung durch Stelle, Aufgaben, Ziele, Rolle, Austausch, Veränderungen • Nicht-Befriedigung kann zu höheren Fehlerraten, Rückzug (→ Passivität) und letztlich Deprivation führen • In praxi z.B. Problem der Ungleichverteilung: einige, die zu viel Stimuli erhalten (→ Burnout) und andere, die sich langweilen (→ Boreout)	• Grundbedürfnis nach Wertschätzung, verbaler wie nonverbaler Zuwendung sowie materieller Anerkennung • Nicht-Befriedigung kann zu Beziehungsstörungen (→ Rückzug) bis hin zu Autoaggression führen • In praxi z.B. Probleme durch gesellschaftlich konditionierte Regeln Zuwendung (nicht oder nur sehr bedingt) zu geben (→ Stroke Economy/Steiner)	• Grundbedürfnis nach insbesondere zeitlicher Strukturierung und Ausfüllen der uns zur Verfügung stehenden Zeit • Nicht-Befriedigung kann zu Verhaltensstörungen, nachlassender Produktivität und Krankheit führen • In Praxi z.B. Probleme durch zunehmende Verdichtung von Arbeitszeiten, die kaum Raum zur Reflektion lässt und negativ stimulierend wirken kann (→ Burnout)

Abbildung 44: Ausdruck der Grundbedürfnisse im organisationalen Kontext (eigene Darstellung)

Im Kontext der Beziehungsgestaltung habe ich die folgende Darstellung entwickelt.

Stimulation	Zuwendung	Struktur
• Beziehungserfahrung als Möglichkeit, stimuliert zu werden sowie andere zu stimulieren • Herausforderung, persönliche Kontakte mit multisensorischer Stimulation gegenüber unpersönlichen Kontakten mit eingeschränkter Sensorik abzuwägen und auszubalancieren • Notwendige Bedingung, um Zuwendung zu erhalten bzw. zu geben	• Beziehungserfahrung als Möglichkeit, Zuwendung, Beachtung und Anerkennung zu erfahren und zu geben • Ausdrucksform des Kontakts und der Bindung (Sell, M. [2009], S. 103) • Höhe der Zuwendung korreliert i.d.R. mit der Intensität des persönlichen Kontakts (sprich je persönlicher die Beziehungserfahrung, desto höher die wahrgenommene Zuwendung)	• Beziehungserfahrung als Möglichkeit, Zeit miteinander zu verbringen oder sich zurückzuziehen • Intro-und Extraversion als unterschiedliche Grunddispositionen in Beziehung zu treten und gemeinsame Zeit zu strukturieren • Die unterschiedlichen Arten, Zeit miteinander zu verbringen resultieren in unterschiedlichen Intensitäten von Zuwendung

Abbildung 45: Ausdruck der Grundbedürfnisse in der Gestaltung von Beziehungen (eigene Darstellung)

Modell der Kompetenzkurve

Ein Modell, das nicht aus der klassischen TA kommt ist die Kompetenzkurve nach Hay. Insbesondere im Kontext der beschriebenen Phasen-Verschiebung lassen sich die unterschiedlichen "Stadien" bestimmen und die Entwicklung beschreiben. Besondere Relevanz erfährt das Modell im Sinne situativer Führung entlang der Stadien der Kompetenzkurve. In der Literatur bestehen vielfältige Darstel-

lungen der Kompetenzkurve mit unterschiedlicher Verortung ver-
schiedener Punkte und Phasen. Wir verwenden das folgende Modell
zur Erläuterung von Dynamiken in Veränderungsprozessen:[51]

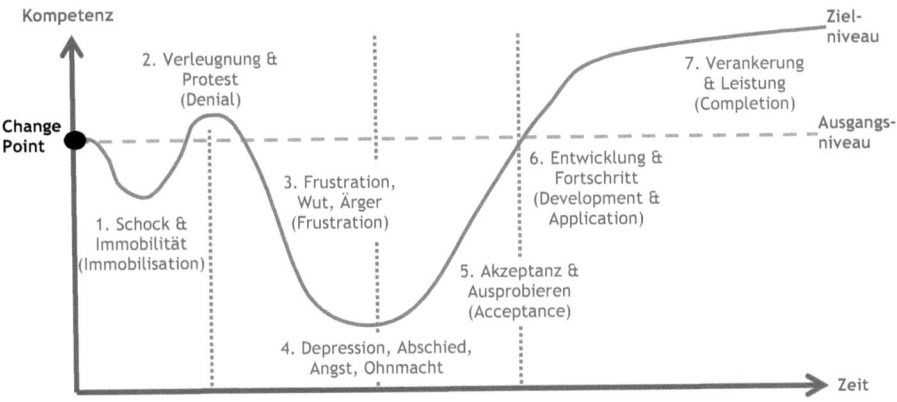

Abbildung 46: Verlauf und Phasen von Veränderungsprozessen

Entsprechend verlaufen Veränderungsprozesse entlang dieser
Kurve, wobei es keinen idealtypischen Verlauf gibt. Dieser kann
individuell sehr unterschiedlich ausfallen und im Laufe eines Prozesses können immer wieder Schleifen durchlaufen werden. Wesentliche Verhaltensweisen in den einzelnen Schritten sind:[52]

Schritt	Phase	Beschreibung
1	Schock und Im-mobilität	Wir scheinen nichts zu tun, uns zurückzuziehen
2	Verleugnung und Protest	Wir tun so als wäre nichts geschehen und machen wei-ter wie bisher

---

[51] Kübler-Ross, E. (1969)i. A. a. Levin, P. (1974 und 1982), Schmidt-
Tanger (1998), Hay, J. (1996)
[52] Heasman, B. (1998)

3	Frustration, Wut, Ärger	Wir wissen, wir müssen uns verändern, aber wissen nicht wie
4	Akzeptanz	Wir beginnen neue Optionen auszuloten, die vielleicht für die neue Situation angemessen sind
5	Entwicklung und Fähigkeiten	Wir entwickeln neue Fähigkeiten und Wissen, so dass wir in neuen Kompetenzen Leistung bringen können
6	Ausprobieren und Integration	Wir wenden unsere Fertigkeiten und unser Wissen in der neuen Identität an
7	Verankerung und Leistung	Wir haben die Übergangsphase durchschritten und sind uns nicht länger der Veränderung bewusst

Abbildung 47: Typische Verhaltensweisen in den Phasen des Veränderungsprozesses [53]

Anhand des Modells lässt sich ebenfalls gut verorten, was das Ziel eines Veränderungsprozesses ist, nämlich diesen mit einem höheren Kompetenzniveau zu verlassen als zu Beginn. Im Fall, dass dies nicht gelingt, wird in der Organisation bei einem gefühlten gleichbleibenden Niveau die Veränderung bereits negativ wahrgenommen und beurteilt („nichts gewonnen, aber viel Aufwand"). Im Falle eines gefühlt geringeren Niveaus verstärkt sich dieser Eindruck.

Das wiederum bedeutet zum einen, dem langfristigen Befähigungsaspekt in Veränderungsprozessen besondere Beachtung zu geben. Zum anderen lässt sich anhand des Modells adäquates Führungsverhalten ableiten. Der Prozess kann in vier Phasen unterteilt werden; Kernaspekte sind:

---

[53] Übersetzung nach Hay, J. (2009)

Phasen 1 und 2: Schock und Verleugnung	Phasen 3 und 4: Frustration und Depression	Phase 5: zunehmende Akzeptanz	Phasen 6 und 7: Anwendung und Verankerung
Bewusstmachung der Notwendigkeit der Veränderung und der Realität. - Darlegung der Probleme und Fakten - Betonung, dass es auf jeden Fall Veränderung geben wird - Erwartungen an Mitarbeitende darlegen - Konsequenzen, wenn Veränderung nicht stattfindet, benennen - Informationen immer wieder widerholen	Klar zu Veränderung und Zielen stehen, die Linie einhalten, auch wenn es Ärger, Widerstand und Misstrauen gibt. Bindung herstellen. - Akzeptanz der Befürchtungen der Mitarbeitenden - Ermutigung von Diskussionen und unterschiedlichen Meinungen - zuhören – zuhören -zuhören - den eigenen Standpunkt mit Ruhe vertreten - Akzeptanz für die Belastung - Bedürfnisse, z.B. nach Struktur wahrnehmen und erfüllen	Zunehmende Akzeptanz wahrnehmen und verstärken, Wandel als „normalen" Prozess des Lebens deutlich machen. - neues Verhalten leben - neue Rituale einführen - neue Kooperationen unterstützen - langfristige Ziele setzen - klare Erwartungen formulieren	Dialoge mit den Mitarbeitenden, aufgreifen ihrer Ideen. - Viel Beachtung für das Erreichte - Vorteile und Möglichkeiten der Situation erklären - Selbstreflexion verstärken - Team betonen
Dringlichkeit klar machen!	**Standpunkt des Wandels durchhalten!**	**Neues unterstützen!**	**Ständige Reflektion der Situation anregen!**

Abbildung 48: Führungsverhalten entlang der Phasen von Veränderungsprozessen (eigene Darstellung)

Ein weiterer mir wichtiger Aspekt in der Darstellung der Kompetenzkurve ist die Phasenverschiebung.

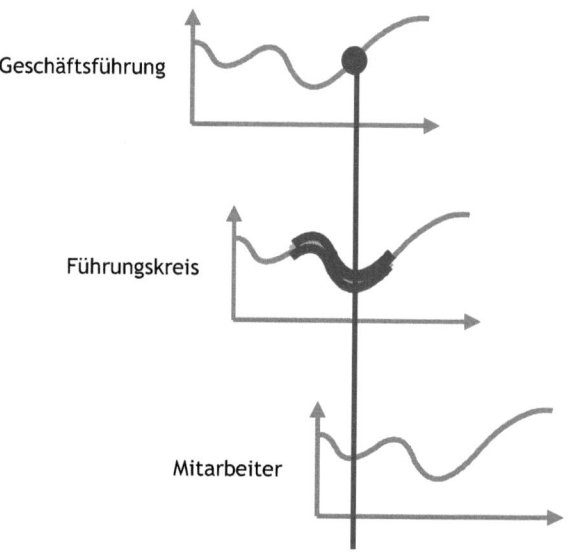

Geschäftsführung

Führungskreis

Mitarbeiter

Abbildung 49: Phasenverschiebung in Veränderungsprozessen (eigene Darstellung)

In der Regel beschäftigt sich die Geschäftsführung bereits einige Zeit mit Ursachen, Inhalten und Auswirkungen von Veränderungsprozessen bzw. stößt entsprechende Initiativen an. Zu diesem Zeitpunkt ist sie bereits durch die eigene Dynamik des Veränderungsprozesses gegangen, sieht die Dringlichkeit, hat sich mit eigenen Widerständen und Frustration auseinandergesetzt. Wenn sie dann die nächste Führungsebene einbezieht, so befinden sich deren Mitglieder noch in früheren Phasen, je nach bisheriger Einbindung und individueller Betroffenheit. Wenn zum gleichen Zeitpunkt eine Kommunikation in die Gesamtorganisation erfolgt, ist davon auszugehen, dass die breite Mitarbeiterschaft noch verhältnismäßig weit am Anfang des Prozesses steht.

Die Herausforderung ist, dass durch das eigene Durchlaufen der Dynamik sowie den eigenen Reflexions- und Auseinandersetzungsprozess ein Verständnis entstanden ist, der implizit auf die weiteren Mitglieder der Organisation übertragen wird, auch wenn das rational nachvollziehbar nicht der Fall ist. Für die unterschiedlichen hierarchischen Ebenen bzw. betroffenen Gruppierungen bedarf es unterschiedlicher Schwerpunkte im Führungsverhalten. Darüber hinaus bedeutet dies für die Führung, immer wieder die gleichen Botschaften zu kommunizieren, auch wenn dies vermeintlich schon (zu) häufig getan wurde.

Ich möchte noch auf das Modell der Kräfte-Analyse hinweisen, dass ich unter dem Begriff Allianzportfolio verwende.[54] Hier wird nach den Dimensionen der inhaltlichen Zustimmung zu Veränderungen sowie Vertrauen in die Verantwortlichen des Veränderungsprozesses unterschieden in Rollen, Einstellungen und Verhalten die Mitglieder einer Organisation gegenüber den Zielen von Veränderungsprozessen einnehmen können. Damit ist ein frühzeitiges Erkennen der Einstellung zum Veränderungsprozess sowie ein Erkennen der Veränderung der Einstellung möglich.

---

[54] u.a. beschrieben in: Mohr, G./Steinert, T. (2006), S. 129-132

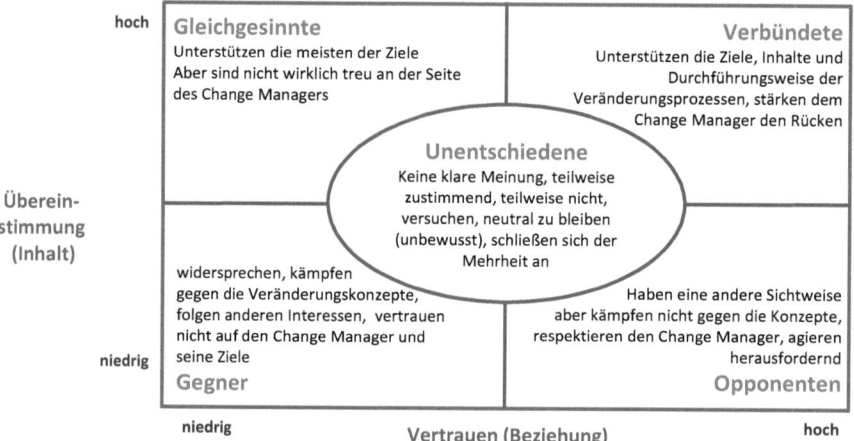

Abbildung 50: Protagonisten und Antagonisten eines Veränderungsprozesses

2.5. Weitere Konzepte zur Arbeit mit Organisationen

Leitbild-Modell

Das Leitbild-Modell ermöglicht eine umfassende Orientierung auf inhaltlicher und kultureller Ebene und erlaubt damit auch ein Sinnverständnis, Identifikation und Effektivität. Es ergeben sich hier Bezüge zu Bernes Modell der Gruppenkräfte und vor allem auch zu den Grundbedürfnissen.

Anhand des von mir entwickelten Leitbild-Modells habe ich den übergreifenden Aspekt der Orientierungslosigkeit verortet. Hier ist anzumerken, dass der Begriff "Leitbild" weder inhaltlich noch gra-

162

fisch eindeutig verortet ist. Bleicher und Schreyögg haben dazu neben anderen betriebswirtschaftlichen Autoren Modelle entwor-
fen.[55]

Aus meinem Grundverständnis von Organisationsentwicklung bedarf es bei der Betrachtung der langfristig angelegten Ausrichtung
einer integrierten Bearbeitung inhaltlicher und kultureller Ebenen.
In Praxi – so meine Erfahrung – werden Fragestellungen nach dem
Selbstverständnis, der Vision, den Zielen und Strategien sowie Fragen von Werten und Kultur oft getrennt voneinander gedacht.

In der konkreten Visualisierung nutze ich häufig das folgende Modell, um die Begrifflichkeiten und die einzelnen Bezüge zu verdeutlichen (vgl. Thiele et al. 2019b).

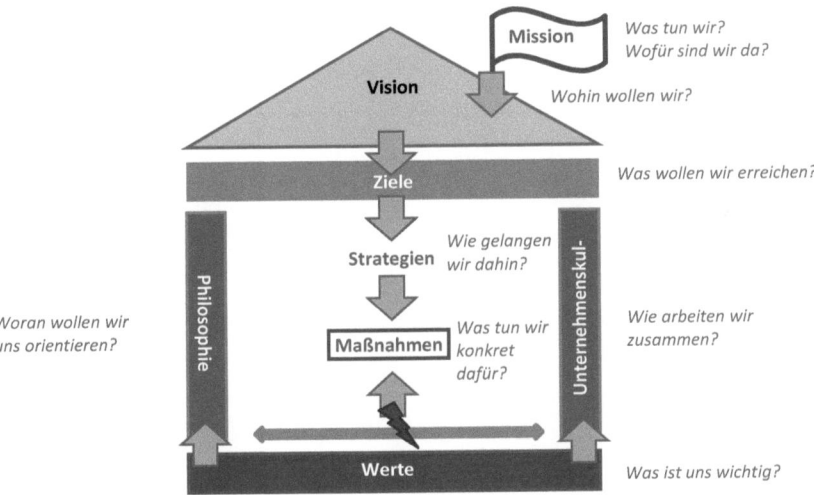

Abbildung 51: Eigene Darstellung des Leitbild-Modells

---

[55] Bleicher, K. (1992), S. 274, Steinmann, H./Schreyögg, G. (2005)

Die Mission ist ein <u>nach außen</u> gerichtetes und prägnantes Statement, das beschreibt, was wir als unseren Daseinszweck betrachten und wie wir in diesem Kontext von unseren internen und/oder
externen Kunden und Partnern gesehen werden wollen.

Die Vision ist ein primär <u>nach innen</u> – an die eigenen Mitarbeiter –
gerichtetes Statement, das die großen, langfristigen Ziele des Unternehmens beschreibt. Die Vision enthält keine konkreten Maßnahmen, sondern ein in der Zukunft liegendes Ergebnis. Die Vision
kann, muss aber nicht messbar sein.

Werte sind Vorstellungen, die als Maßstab von Denken und Handeln
als wünschenswert erachtet werden. Sie geben Orientierung und
dienen als Grundlage für konkrete Handlungsgrundsätze, nach denen jeder Mitarbeiter arbeiten sollte. Idealerweise besteht eine
größtmögliche Überdeckung von individuellen und Organisations-
werten, um authentisches und effektives Handeln zu ermöglichen.

Die Philosophie bedeutet die verhaltensbezogene Interpretation
der Werte im Sinne der benötigten Form der Zusammenarbeit bzw.
Kultur. Die Unternehmenskultur ist das Synonym für die tatsächlich
gelebte explizite und implizite Kultur.

Als hilfreich empfinde ich meine Visualisierung, weil sie folgende
Aspekte unterstützt:

- Die Werte stellen das Fundament des Hauses dar und es
  macht in der Regel Sinn, hier zu beginnen.

- Die Philosophie im Sinne der gewünschten Form der Zusammenarbeit sowie der tatsächlichen Unternehmenskultur stellen die Pfeiler des Daches dar. Sollten die Diskrepanzen zwischen der benötigten und realen Kultur zu groß
  werden, wird das Haus in sich instabil und die Ziele werden
  nicht oder nur eingeschränkt erreicht.

- Die Mission als nach außen gerichtetes Statement wird als (gut sichtbare) Fahne dargestellt, die Vision wiederum als Dach.

- Ein Ziel-Strategiesystem ist notwendig, um die Ziele und damit die Vision zu erreichen.

- Sowohl aus den kulturellen Diskrepanzen als auch den Strategien werden konkrete Maßnahmen und Projekte abgeleitet.

- In Analogie zum Hausbau ist es Aufgabe der Führung, den Rohbau sicherzustellen, das konkrete Ausgestalten kann dann mit den nächsten Führungsebenen bzw. unter Einbindung der Mitarbeiter erfolgen.

Ein langfristig angelegter Entwicklungs- bzw. Veränderungsprozess bedarf aus meiner Sicht einer Integration der Perspektiven,

- um den Menschen in der Organisation über alle Ebenen hinweg Orientierung zu geben im Hinblick auf Identität (persönliche Orientierung), Effektivität (inhaltliche Orientierung) und Stabilität (zeitliche Orientierung)

- um die Bezüge und gegenseitigen Einflüsse sichtbar zu machen und entsprechende systemisch wirksame Interventionen abzuleiten.

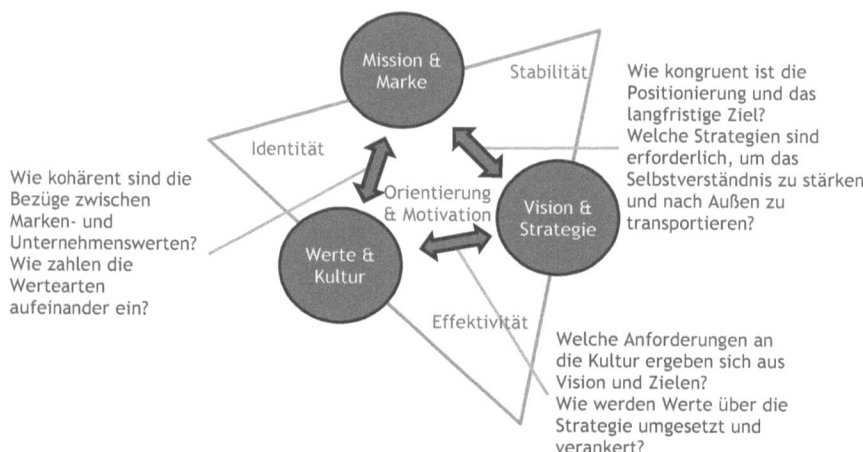

Abbildung 52: Zusammenhänge zwischen den Kernelementen eines Leitbilds (vgl. Thiele & Korpiun 2019b)

Hieraus wird auch der Bezug zu wesentlichen TA-Modellen deutlich:

- Die Entwicklung eines Leitbilds trägt dazu bei, Kohäsion nach innen und außen zu schaffen (Modell der Gruppendynamik). Diese entsteht weniger noch durch das Ergebnis, sondern durch den Prozess des Erarbeitens. Aufgrund der intensiven Auseinandersetzung aller Beteiligten zu den drei Feldern und dem Ringen um die richtigen Begrifflichkeiten und deren Deutungsmöglichkeiten wird aus meiner Erfahrung ein erheblicher Schritt zu einem gemeinsamen Grundverständnis entwickelt, das von allen akzeptiert, getragen und kommuniziert wird.

- Die drei Felder und deren zusammenwirkende Orientierung können im Kontext der Grundbedürfnisse interpretiert werden. Insbesondere in Veränderungsprozessen wird

166

die Befriedigung der Grundbedürfnisse der Menschen häufig reduziert. Bestehende Strukturen lösen sich auf oder werden in Frage gestellt, bisher klare Strukturen werden diffus. Der gewohnte Grad an Stimulation in der Deutung sinnlicher Anregung verändert sich im Sinne von zu viel oder zu wenig. Die Beachtung reduziert sich häufig durch Fokus auf sich selbst und seinen Bereich sowie Unklarheit darüber, wofür Beachtung zukünftig gegeben wird und wofür nicht (Streichelmuster). Um dieser Verunsicherung der Grundbedürfnisse entgegenzuwirken schafft das Leitbild eine wesentliche Orientierungsrolle:

- der fehlenden oder unsicheren <u>Struktur</u> im Hier und Jetzt wird eine zukünftige Struktur gegenübergestellt

- es wird <u>Stimulation</u> geschaffen, in der Möglichkeit der Auseinandersetzung mit dem Leitbild und der weiteren Ausgestaltung für die eigene Bedeutungsebene (eigener Bereich, Rolle etc.)

- der Sinn hinter dem <u>Prozess</u>, den damit verbundenen Ziele und der Art der Zielerreichung wird vermittelbar

- es wird deutlich, wofür Anerkennung und <u>Beachtung</u> gegeben wird (neues Streichelmuster).

Neben der Orientierungs- wird dadurch auch der Motivationsbezug deutlich.

Darüber hinaus besteht eine verortende Assoziation des Feldes Werte und Kultur mit dem Bedürfnis nach Zuwendung, von Mission und Marke mit Stimulation sowie von Vision und Strategie mit Struktur.

In Kapitel 1.4.2. (S. 66)habe ich das Modell des Führungsverständnisses erläutert und den Bezug zum Modell der Gruppenkräfte von Berne hergestellt.

Ein weiteres für mich wichtiges Modell - Dysfunktionalitäten in Gruppen - habe ich unter der folgenden Frage zur Kultur kommentiert.

2.6. Konzepte zur Beschreibung der Organisationskultur

<u>Modell der Passivität</u>

Ein wesentliches TA-Konzept zur Beschreibung der Organisationskultur ist für mich das der Passivität aus der Schiff-Schule. Es ist leicht erfassbar, lässt Rückschlüsse auf den Grad der kulturellen Passivität zu und gibt damit Hinweise auf den Umfang der kulturellen Veränderungsnotwendigkeit.

Es hat seitens der Schiff-Schule keine Begriffsdefinition gegeben.[56] Die Schiffs beschreiben Passivität als die Art und Weise "wie Menschen Dinge nicht bzw. nicht effektiv tun."[57] Passiv im Sinn der Schiff-Schule ist, wer

- nicht eigenständig denkt und fühlt => Symbiose

- die Realität nicht sieht, wie sie ist, sondern mit Ausblendungen, Verzerrungen und falschen Einschätzungen wahrnimmt => Realitätsverkennung / Abwertung

- anstehenden Problemen aus dem Weg geht => Vermeidungsverhalten

- sich keine Ziele setzt.

---

[56] Schlegel, L. (2002), S. 235
[57] Stewart, I./Joines, V. (2000), S. 251; Schiff J./Mellor, M. (1975)

Passivität bedeutet, dass nichts Konstruktives zur Problemlösung geschieht, weder im Denken noch im Verhalten. Entsprechend zielt Passivität darauf, dass andere das Problem lösen.

Ich möchte hier explizit auf das Vermeidungsverhalten bzw. passive Verhaltensweisen eingehen, die ich auch mit den Geschäftsführern diskutiert habe. Die Aspekte der Symbiose sowie Abwertung sind generell auch relevant bzw. inhärent, waren aber hier nicht Gegenstand der Diskussion.

Unter Vermeidungsverhalten[58] insbesondere im Kontext von "Nicht"-Problemlösung verstehen die Schiffs vier Formen:[59]

1. Nichtstun als offensichtlichste Form von passivem Verhalten, wenn gleichzeitig problematische Situationen bestehen. Statt die Problemlösung mit Energie zu besetzen wird diese verwandt, problemlösende Aktivitäten zu unterbinden in der Phantasie, die Zeit oder andere werden das Problem lösen. Schiff vermerkt dabei, dass es häufig leichtfällt, jemanden zu finden, der einem die Verantwortung für das Verhalten abnimmt. Dies unterstützt eine ungesunde Verteilung von Über- und Unterverantwortung. Dies zeigt sich in organisatorischen Zusammenhängen zum Beispiel durch Trödeln, Zuspätkommen, Pläneschmieden, Ablenkungsmanövern (informelle Kommunikation), Eskalation von Problemen und Entscheidungen nach oben.

2. Überanpassung ist nicht so leicht als passives Verhalten erkennbar, da sie als sozial anerkannt gilt insbesondere in Lernkontexten sowie in autoritär geführten Strukturen. Die Energie wird hier darauf verwendet, zu phantasieren, was der Andere darüber denkt bzw. tun würde bzw. sich wünscht, was gedacht oder getan werden soll. Damit werden die eigenen Bedürfnisse nicht beachtet. Beobachtbar

---

[58] Schlegel, L. (2002), S. 359
[59] Schiff J./Mellor, M. (1975), Korpiun, M. (2013), Weigel, S. (2014)

169

ist dies zum Beispiel an vorauseilendem Gehorsam, ständigem Bejahen und Befürworten, mehr tun als das, was gefragt wurde.

3. Agitation wird vielfach nicht sofort mit dem Begriff der Passivität in Verbindung gebracht. Dies liegt daran, dass gehandelt wird in einem konkreten Bezug zum Problem und auf eine Lösung gerichtet. Gleichzeitig sind die getroffenen Maßnahmen aber ungeeignet, das Problem wirklich zu lösen. Verbunden ist damit eine innere Unruhe und Spannung. In der Agitation selbst erlebt sich die Person zumeist verwirrt und keineswegs als klar denkend. Sichtbar wird dies zum Beispiel durch hektische, nervöse Tätigkeiten, immer wieder etwas zu beginnen, aber nicht zu Ende bringen, Rechtfertigungen und Erklärungen, unsystematische Planung.

4. Gewalt gegen sich und andere ist die schwerste Form von Passivität mit dem Ziel, dass Andere genötigt werden, etwas zu unternehmen. Indem eine neue Problemlage geschaffen wird, können Dritte veranlasst werden, das Ursprungsproblem zu lösen, damit die Gewalt endet. Dies erscheint in organisatorischen Kontexten zunächst befremdlich, ist aber in expliziter und subtiler Form beobachtbar. Gewalt gegen Andere beginnt verbal durch subtil abwertende oder überkritische Bemerkungen bis zu Anschreien, Beleidigungen oder auf den Tisch schlagen. Gewalt gegen sich selbst (Autoaggression) wird beispielsweise sichtbar durch Alkoholkonsum, destruktives Nägelkauen, psychosomatische Symptome, Auspowern bis zu Krankheiten.

Ebenso relevant für die kulturelle Beschreibung ist für mich das oben erläuterte Modell Autonomie. Des Weiteren eignen sich aus meiner Sicht das Modell der Grundhaltungen sowie der Abwertungen und der Antreiber, um kulturelle Aspekte einer Organisation zu beschreiben und zu reflektieren.

Modell der Dysfunktionalitäten nach Lencioni

Ein weiteres Modell, dass ich nutze, um Dysfunktionalitäten in Gruppen und in Bezug auf Organisationen darzustellen, ist das gleichnamige Modell von Lencioni.[60] Im Wesentlichen stellt Lencioni sein Konzept in einer Pyramide dar. Wenn Teams nicht effektiv und kooperativ zusammenarbeiten, kann die Ursache auf unterschiedlichen Ebenen von Dysfunktionalität liegen.

Dabei ist zu berücksichtigen, dass zur Entwicklung eines „funktionierenden" Teams von der untersten zur obersten Ebene gearbeitet wird. Je nachdem auf welcher Ebene von unten gesehen die erste Dysfunktionalität festzustellen ist, sind mittels entsprechender Interventionen, die diese Ebene adressieren, Entwicklungsmaßnahmen einzuleiten. Anschließend kann die nächsthöhere Ebene bearbeitet werden. Die Vorgehensweise erinnert - wenn auch in ganz anderem Zusammenhang - an Problemlösung entlang der Abwertungsmatrix.

---

[60] Lencioni, P. (2002)

Abbildung 53: Dysfunktionalitäten in Teams nach Lencioni

Lencioni hat beispielhaft Symptome beschrieben auf den verschiedenen Ebenen.

Ebene	Funktionale Symptome	Dysfunktionale Symptome
Unaufmerksamkeit für die Ergebnisse	• Minimiert ich-bezogenes Verhalten • Stärkt ergebnisorientierte Mitarbeiter • Freut sich am Erfolg • Nutzen des Gesamtteams steht im Vordergrund • Vermeidet, auseinandergebracht zu werden	• Stagnation / kein Wachstum • Verliert ergebnisorientierte Mitarbeiter • Unterstützt Fokus auf die eigene Karriere & individuelle Zielsetzung • Kann leicht auseinandergebracht werden

Abwendung von Verantwortung	• Stellt sicher, dass geringe Leistung durch Druck für Verbesserung gespürt wird • Potentielle Probleme werden schnell erfasst • Respekt zwischen den Teammitgliedern • Keine unnötige Bürokratie bzgl. Leistung und Kurskorrekturen	• Vorwürfe / Ausgrenzung bei unterschiedlichen Leistungsstandards • Mittelmäßigkeit wird gefördert • Deadlines und Schlüsselergebnisse werden nicht erbracht • Teamleader ist die einzige Quelle für Disziplin
Mangel an Verbindlichkeit	• Klare Ziele und Prioritäten • Von Fehlern lernen • Schnelles Ergreifen von Möglichkeiten • Kein Zögern in der Umsetzung • Notwendige Anpassung der Vorgehensweise ohne Zögern / Schuldgefühle	• Unsicherheit über Ziele & Prioritäten • Exzessive Analysen und unnötige Verzögerungen • Verlust von Selbstvertrauen • Angst, Fehler zu machen • Diskussionen und Entscheidungen werden immer wieder neu aufgegriffen und diskutiert
Angst vor Konflikten	• Lebendige, intensive Meetings • Ideen aller Teammitglieder werden offen diskutiert • Reale Probleme werden schnell gelöst	• Langweilige Meetings • Ignorieren von gegensätzlichen Themen, die wichtig für den Teamerfolg sind • Meinungen und Perspektiven anderer

	• Politik ist uninteressant • Kritische Punkte werden offen diskutiert	werden nicht wahrgenommen oder nicht akzeptiert • Persönliche Machtinteressen, Zurschaustellung und Risikomanagement stehen im Vordergrund
Fehlen von Vertrauen	• Geben Stärken und Schwächen zu • Bitten um Hilfe • Akzeptieren Fragen und Input zu Ihrem Verantwortungsbereich • „Im Zweifel für den Angeklagten" • Bieten aktiv Feedback und Unterstützung an • Konzentrieren sich auf Inhalte statt Politik • Entschuldigen sich und nehmen Entschuldigung an, ohne zu zögern • Freuen sich auf gemeinsame Arbeit	• Verstecken eigener Schwächen und Fehler • Zögerliches Bitten um Hilfe • Kaum konstruktives Feedback • Zögerliche Hilfestellung außerhalb des eigenen Verantwortungsbereichs • Schnelle Interpretation von Intentionen / Verhalten anderer • Energie liegt auf der erfolgsorientierten Anpassung des eigenen Verhaltens • Kontakt mit anderen wird aus dem Weg gegangen

Abbildung 54: Funktionale und dysfunktionale Symptome pro Ebene

In Anlehnung an Lencioni habe ich einen ursächlichen Ausdruck auf individueller Ebene formuliert, der aus meiner Sicht implizit dahintersteht.

Ich will etwas Anderes erreichen.

Ich will mich nicht messen lassen.

Ich will mich nicht festlegen.

Ich will in Harmonie leben.

Ich will nicht verletzt werden.

Unaufmerksamkeit für die Ergebnisse

Abwendung von Verantwortung

Mangel an Verbindlichkeit

Angst vor Konflikten

Fehlendes Vertrauen

Abbildung 55: individueller Ausdruck der Dysfunktionalitäten (eigene Darstellung)

Lencioni kommt aus dem betriebswirtschaftlichen Kontext, umso interessanter ist, dass er sein Modell bewusst als Gegenentwurf zu einer weit verbreiteten managerialen Meinung konzipiert hat. Diese besteht darin, dass es Sinn macht, quasi "von oben" zu arbeiten. Konkret, dass es klar definierte Ziele braucht, damit Bereitschaft zur Übernahme von Verantwortung entsteht, diese wiederum zu Verbindlichkeit in der Bearbeitung von Aufgaben führt, damit die Fähigkeit zur offenen Auseinandersetzung entwickelt wird und sich so Vertrauen aufbaut.

Ich sehe trotz Anlage als Teammodell eine gute Übertragbarkeit auf organisatorische Kontexte, vorausgesetzt, dass übergreifende Muster erkennbar sind.

Beispielhafte Ansatzpunkte, aus Organisationsentwicklungsperspektive mit den Dysfunktionalitäten umzugehen, habe ich wie folgt dargestellt.

Klar
def.
Ziele

Erfolge öffentlich machen
Erfolgsabhängige Beteiligungen
Erfolge feiern

Bereitschaft
zur Übernahme
von
Verantwortung

Veröffentlichung von Zielen und Standards
Einfache und regelmäßige Prozess-Reviews
Auszeichnungen von Teams

Verbindlichkeit in der
Bearbeitung von
Aufgaben

Klare, kaskadierende Botschaften
Klare Ablieferungszeiten
Erstellen von Notfallplänen

Fähigkeit zur offenen
Auseinandersetzung

Konflikte aufdecken
Erlaubnisse geben (zeitnah)
Konfliktregeln abstimmen und einhalten

Vertrauen

360° Feedback & Peer-Feedback
Zeit miteinander verbringen
Gemeinsam Aufgaben bewältigen

Abbildung 56: Ansatzpunkte zur Organisationsentwicklung (eigene Darstellung)

Managerial Grid / Kulturmodell nach Fatzer

Das ursprünglich von Blake/Mouton entwickelte „Managerial Grid" [61] war die Basis für viele Modelle, die eine Menschen- bzw. Verhaltensorientierung einer Sach- bzw. Leistungsorientierung gegenüberstellen und diese beiden Aspekte im Hinblick auf Führung und Kultur interpretierten. Fatzer hat basierend darauf bestimmte Kulturausprägungen beschrieben. [62]

---

[61] Blake, R. und Mouton, J. (1964)
[62] Fatzer, G. (1990), S. 101

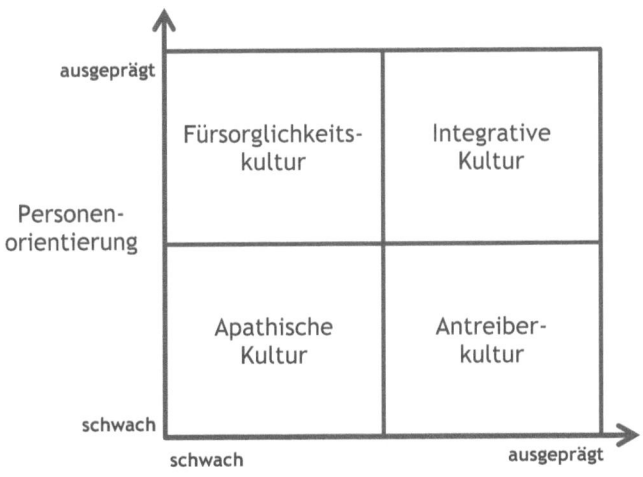

Abbildung 57: Kulturausprägung nach Fatzer

- Eine Fürsorglichkeitskultur betrachtet die zwischenmenschlichen Beziehungen und führt zu einer angenehmen Arbeitsatmosphäre.

- Eine Antreiberkultur fokussiert auf wirksame Arbeitsleistung ohne Rücksicht auf Beziehungen.

- Eine apathische Kultur zeichnet sich durch mangelndes Interesse an Leistungsergebnissen und Menschen aus.

- Eine integrative Kultur erlaubt eine hohe Arbeitsleistung von wertgeschätzten Mitarbeitern in zielorientierten Teams.

Der Bezug zu TA lässt sich gut zeigen durch typischen Kommunikationsmuster bzw. Transaktionen, die in den jeweiligen Kulturen zwischen Führungskraft und Mitarbeiter sichtbar sind:

- Fürsorglichkeitskultur: FK-MA El - K (Fokus auf fürsorg-
  lichem El)

- Apathische Kultur: FK-MA K - K (Fokus auf ange-
  passtem K)

- Antreiberkultur: FK-MA El - K (Fokus auf kriti-
  schem El)

- Integrative Kultur   FK-MA ER – ER.

Ich nutze dieses Modell zur Beschreibung der Organisationskultur und als Grundlage zur Diagnostik bzw. der Planung einer Veränderungsrichtung. Ziel ist das Erreichen einer integrativen Kultur, der Weg dorthin ist allerdings unterschiedlich je nach Ausgangs-Verortung im Portfolio. Es ist in keinem Fall ein direkter Weg.

In Bezug auf den konkreten Fall der Organisation ist diese historisch am ehesten einer Fürsorglichkeitskultur zuzuordnen. Die jetzt bereits zu beobachtenden und apathischen Elemente resultieren aus meiner Sicht am ehesten aus der bereits aktuellen Situation. Um die Kultur zu verstehen ist es erforderlich, die kulturelle "Herkunft" zu verorten.

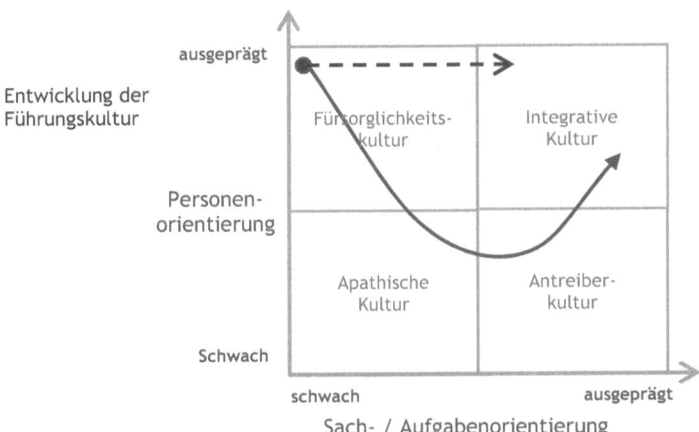

Abbildung 58: Entwicklungspfad von der fürsorglichen zur integrativen Kultur (eigene Darstellung)

Im Fall einer Fürsorglichkeitskultur wird der Verlauf der kulturellen Entwicklung über Aspekte von Apathie und Antreiberkultur zu einer integrativen Kultur führen. Dies liegt im Wesentlichen an folgenden Parametern:

- Auf der Ebene von Leistung geht es um Sichtbarmachung von guter und schlechter Leistung. Eine Fürsorglichkeitskultur zeichnet sich häufig dadurch aus, dass Schlechtleistung geduldet und nicht konfrontiert wird. Das zeigt sich bspw. in undifferenzierten Mitarbeiterbeurteilungen und -rückmeldungen. Zumeist zeigen sich auch Symptome von Über- und Unterverantwortung zwischen Hierarchieebenen und einzelnen Gruppenbereichen. Typische Beobachtungen sind:

  o Fehlende Transparenz im Leistungsanspruch.

179

- o Wenig Differenzierung von guter und nicht guter Leistung.

- o Kaum öffentliche Darstellung guter Leistungen.

- o Jahrelange positive Individualbeurteilungen trotz schwacher Leistung.

- o Plötzliche Brachialrückmeldungen bis zu Freisetzung.

Die fehlende Differenzierung von Leistung führt selbst bei positiver Beachtung guter Leistung langfristig zu Demotivationseffekten der Leistungsträger. Wenn nun begonnen wird, Leistung zu differenzieren, wird es bei einem Teil der Menschen zu Unverständnis führen, warum sie jahrelang positiv und nun (gefühlt) kritisch gesehen werden. Dies führt zunächst zu Unsicherheit über Richtig und Falsch mit entsprechenden Abwertungs- und Passivitätstendenzen.

- Auf der Ebene von Verhalten geht es um Rückmeldungen zu gewünschtem und ungewünschtem Verhalten. In einer Fürsorglichkeitskultur bestehen selten explizite Werte, vielmehr bestehen implizite Verhaltensmuster, die zu Missinterpretationen einladen in den Momenten, wo beispielsweise Leistung gefordert wird. Um zu einer integrativen Kultur zu gelangen bedarf es vor allem der Auseinandersetzung mit solchen Verhaltensmustern, die einer Veränderung unterliegen. Da die Organisation als Teil ihrer Kultur häufig mit Harmonie als Synonym für Konflikt- und Problemvermeidung arbeitet, werden Konflikte als zwischenmenschliches Problem uminterpretiert. Typische Beobachtungen sind

  - o fehlende Referenzgrundlage für gewünschtes / ungewünschtes Verhalten

  - o mangelnde Vorbildfunktion der Führung

- o   öffentliche Duldung von Fehlverhalten

- o   kaum direkte Konfrontation durch den Vorgesetz-
    ten bei ansonsten guter Leistung

- o   keine Verhaltensziele und wenig ausgeprägte Be-
    urteilung von Verhalten.

Wenn nun Führungskräfte beginnen zu konfrontieren, führt dies
ebenfalls zu einer Verunsicherung bis hin zu apathischen Verhaltensmustern; der gefühlte Beziehungsverlust wird unterstützt,
Konflikte und Spannungen müssen ausgehalten werden.

- •   Beide Aspekte führen vor allem "gefühlt" zu einem Abdrif-
    ten in eine Antreiberkultur und eine Misinterpretation,
    dass Beziehung aufgegeben werden muss. Durch die klar
    formulierte und gleichzeitig wertschätzende und konse-
    quente Integration von Leistungsaspekten kann es gelin-
    gen, die gewünschten Beziehungsmuster zu stabilisieren
    und sowohl mit Leistung als auch Verhalten offen umzuge-
    hen.

Aus meiner Sicht sind dazu generell folgende Aspekte auf Interven-
tionsebene sinnvoll. Im konkreten Fall indiziert bereits der konkrete Wunsch nach Feedbackprozessen eine Intervention. Ebenso
ist vor allem bei der gewünschten Einführung von Personalentwick-
lungsprozessen auf diese Aspekte zu achten.

	Leistung	Verhalten
Referenzgrundlage schaffen	SMARTE Ziele und Erwartungen festlegen – insbesondere zu Messbarkeit	Gewünschte Verhaltensanker beschreiben in Führungs- / Mitarbeiterbild. Erlaubnis zur Konfrontation geben.
Feedback		Definierte Rückmeldeprozesse installieren. Insbesondere im oberen Führungskreis.
Positive Rückmeldung	Gute Leistung und Erfolge individuell und kollektiv sichtbar machen / feiern.	Direkte positive verstärkende Rückmeldungen bei Beobachtung gewünschten Verhaltens.
Negative Rückmeldungen	Schlechte Leistungen zeitnah individuell konfrontieren und eigenverantwortliche Lösung anstreben.	Ungewünschtes Verhalten zeitnah individuell und bei Notwendigkeit auch kollektiv konfrontieren sowie eigenverantwortliche Lösungen anstreben.
PE-Gespräch	Ziele und Zielerfüllung sowie Leistungsbeurteilung differenziert reflektieren.	Gewünschtes und ungewünschtes Verhalten an Beispielen verdeutlichen, ggf. Anweisung zu Verhaltensänderung.
Disziplinarische Führung	Konsequenzen von Nichterfüllung deutlich machen, ggf. sanktionieren	Konsequenzen von Nichterfüllung deutlich machen, ggf. sanktionieren

Abbildung 59: Übersicht von Interventionen zur Erreichung einer integrativen Kultur (eigene Darstellung)

Entwicklungsarbeit mit
Organisationen

03

Literaturverzeichnis

Literaturverzeichnis

Berne, Eric (1963): The Structure and Dynamics of Organisations and Groups, Philadelphia: Lippincott, Deutsch: Struktur und Dynamik von Organisationen und Gruppen, München: Kindler (1968)

Berne, Eric (1964): Games People Play, Grove Press, New York: grove press, Deutsch: Spiele der Erwachsenen, 5. Aufl., Hamburg: Rowohlt (2005)

Berne, Eric (1966): Principles of Group Treatment, New York: Oxford University Press

Berne, Eric (1970): Sex in Human Loving, New York: Simon & Schuster

Berne, Eric (1972): What do you say after you say hello? New York: Bantam Books, Deutsch: Was sagen Sie, nachdem Sie 'Guten Tag' gesagt haben? Psychologie des menschlichen Verhaltens, München (1975)

Blake, Robert R./Mouton, Jane S. (1964): The Managerial Grid: The Key to Leadership Excellence, Houston: Gulf Publishing

Bleicher, Knut (1992): Leitbilder - Orientierungsrahmen für eine integrative Managementphilosophie, 2. Aufl., Stuttgart-Zürich: Schäffer-Poeschel (1994)

Crossman, Pat (1966): Permission and Protection, in: Transactional Analysis Bulletin, Vol. 5 (19), pp. 152-154

English, Fanita (2003): Transaktionsanalyse: Gefühle und Ersatzgefühle in Beziehungen, 7. Aufl., Salzhausen: Iskopress (2003)

Erskine, Richard G./Zalcman, Marilyn J. (1979): The Racket System: A Model for Racket Analysis. In: Transactional Analysis Journal, Vol. 9, pp. 51-59

Fatzer, Gerhard (Hrsg.) (1990): Supervision und Beratung - Ein Handbuch, 11. Aufl., Bergisch Gladbach: Edition Humanistische Psychologie (2005)

Hagehülsmann, Heinrich (2005): Wie autonom ist Autonomie? In: Zeitschrift für Transaktionsanalyse, Nr. 22 (1), S. 48-50

Hagehülsmann, Ute/Heinrich (1998): Der Mensch im Spannungsfeld seiner Organisation. Transaktionsanalyse in Managementtraining, Coaching, Team- und Personalentwicklung, Paderborn: Junfermann

Hay, Julie (1996): Transactional Analysis for Trainers. Your Guide to Potent & Competent Applications of TA in Organisations, Watford: Sherwood Publishing

Hay, Julie (2009): Transactional Analysis for Consultants, Watford: Sherwood

Heasman, B. (1998): Assessing Cube. A Further Perspective on Working Styles. In: INTAND Newsletter, Vol. 6 (1), pp. 9-13

Hennig, Gudrun/Pelz, Georg (1997): Transaktionsanalyse - Lehrbuch für Therapie und Beratung, unveränderter Nachdruck, Paderborn: Junfermann (2002)

Korpiun, Michael (2013): Wir machen ganz viel - doch es tut sich nichts. Die Passivitätsfalle in Organisationen, online abrufbar unter: https://docplayer.org/77704574-Wir-machen-ganz-viel-doch-es-tut-sich-nichts-die-passivitaetsfalle-in-organisationen.html [zuletzt geöffnet: 12.08.2019], Hannover: In Stability

Kübler-Ross, Elisabeth (1969): On Death and Dying, London: Routledge

Lencioni, Patrick (2002): The five disfunctions of a team, San Francisco: Jossey-Bass

Levin, Pamela (1974): Becoming the way we are. A transactional guide to personal development, Berkeley: Eigenverlag

Levin, Pamela (1982): The Cycle of Development. In: Transactional Analysis Journal, Vol. 12 (2), pp. 129-139

Mohr, Günther /Steinert Thomas (eds.) (2006): Growth and Change for Organizations, Bonn: Kulturpolitische Ges.

Schiff, Jacqui L. (ed.) (1975): Cathexis Reader. Transactional Analysis Treatment of Psychosis, New York: Harper & Row

Schlegel, Leonhard (2002): Handwörterbuch der Transaktionsanalyse, 2. Aufl., verfürgbar unter: *https://www.radikale-thera-pie.de/TA-Infos/HWB-TA.pdf* [zuletzt geöffnet: 12.08.2019]

Schmidt-Tanger, M. (1998) Veränderungscoaching, Paderborn: Junfermann

Sell, Matthias / Ulrike (2006): Kompendium transaktionsanalytischer Theorie, Hannover: INITA

Steiner, Claude M. (1983): Wie man Lebenspläne verändert. Die Arbeit mit Skripts in der Transaktionsanalyse, 11. Aufl., Paderborn: Junfermann (2005)

Steinmann, Horst /Schreyögg, Georg (2005): Management. Grundlagen der Unternehmensführung Konzepte - Funktionen - Fallstudien, Wiesbaden: Gabler

Stewart, Ian/Joines, Vann (2000): TA Today. A New Introduction to Transactional Analysis, Kingston-on-Soar: Lifespace Publishing, Deutsch: Die Transaktionsanalyse - Eine Einführung, 4. Aufl., Köln (2004)

Thiele, Martin / Jenke, Cornelia (2019): Interviews als hochwirksame Intervention in organisationalen Veränderungs- und Entwicklungsprozessen, in: Thiele, M./ Korpiun, M./ Jenke, C. (Hrsg.)

(2019): Konzeptionelle und praktische Erwägungen zur Entwicklungsarbeit mit Organisationen, Hamburg: Books on Demand, S. 191-226

Thiele, Martin/ Korpiun, Michael/ Jenke, Cornelia (2019a):Erweiterung und praktische Anwendung des Modells der Gruppenkräfte & Gruppenarten von Eric Berne oder wie eine Organisation zu einer einheitlichen Selbsteinschätzung ihrer Lage gelangt, in: Thiele, M./ Korpiun, M./ Jenke, C. (Hrsg.) (2019): Konzeptionelle und praktische Erwägungen zur Entwicklungsarbeit mit Organisationen, Hamburg: Books on Demand, S. 137-190

Thiele, Martin / Korpiun, Michael / Jenke, Cornelia (2019b): Ein Leitbildmodell zur praktischen Anwendung in Workshops, in: Thiele, M./ Korpiun, M./ Jenke, C. (Hrsg.) (2019): Konzeptionelle und praktische Erwägungen zur Entwicklungsarbeit mit Organisationen, Hamburg: Books on Demand, S. 81-111

Thiele, Martin / Korpiun, Michael (2019a): Ebenen von Entwicklungs- und Veränderungsprozessen, in: Thiele, M./ Korpiun, M./ Jenke, C. (Hrsg.) (2019): Konzeptionelle und praktische Erwägungen zur Entwicklungsarbeit mit Organisationen, Hamburg: Books on Demand, S. 57-80

Thiele, Martin / Korpiun, Michael (2019b): Die Orientierungs- und Motivationsfunktion organisationaler Leitbilder, in: Thiele, M./ Korpiun, M./ Jenke, C. (Hrsg.) (2019): Konzeptionelle und praktische Erwägungen zur Entwicklungsarbeit mit Organisationen, Hamburg: Books on Demand, S. 113-135

Vogelauer, Werner (1999): Organisationsveränderung, -entwicklung und -erstarrung, in: Zeitschrift für Transaktionsanalyse, Nr. 16 (3), S. 104-118

Weigel, Sascha (2014): Das transaktionsanalytische Konzept der Passivität (Schiff-Schule), unveröffentlichter Artikel

Entwicklungsarbeit mit
Organisationen

04

Über den Autor

Über den Autor

Martin Thiele

Wirtschaftsingenieur, Organisationsentwickler & Coach, Lehrender und Supervidierender Transaktionsanalytiker unter
Supervision im Anwendungsfeld Organisation (PTSTA-O), Mitglied der deutschen und europäischen Gesellschaft für
Transaktionsanalyse (DGTA, EATA), Au-
tor, Herausgeber von In Relations Publi-
cations für Persönlichkeits-, Team- und
Organisationsentwicklung, Co-Founder
und Geschäftsführender Gesellschafter
von In Stability, der beziehungsorientierten Entwicklungsberatung und Akademie
in Hannover, Co-Founder und Geschäftsführender Gesellschafter von GAST-
FREUNDSCHAFFT, dem Erfahrungsraum
für Neue Arbeit in Hannover, langjährige
internationale Beratungs- und Führungs-
erfahrung sowie breite Branchenkennt-
nis im Profit- und Non-Profitbereich.

- martin.thiele@in-stability.de
- www.in-stability.de